Todos los libros de Linkgua Ediciones cuentan con modelos de Inteligencia Artificial entrenados por hispanistas. Pregúntale al chat de tu libro lo que desees acerca de la obra o su autor/a.

Para ebooks: Accede a nuestro modelo de IA a través de este enlace.

Para libros impresos: Escanea el código QR de la portada con tu dispositivo móvil.

Obtén análisis detallados de nuestros libros, resúmenes, respuestas a tus preguntas y accede a nuestras ediciones críticas generativas para una experiencia de lectura más enriquecedora.
La transparencia y el respeto hacia la autoría de las fuentes utilizadas son distintivos básicos de nuestro proyecto. Por ello, las respuestas ofrecen, mediante un sistema de citas, las fuentes con las que han sido elaboradas.

José Lezama Lima

Fragmentos a su imán

Barcelona 2024
Linkgua-ediciones.com

Créditos

Título original: Fragmentos a su imán.

Diseño cubierta: Michel Mallard

ISBN rústica ilustrada: 978-84-1126-765-6.
ISBN tapa dura: 978-84-1126-140-1.
ISBN ebook: 978-84-1126-766-3.

Sumario

Brevísima presentación

La vida

José Lezama Lima (La Habana, 19 de diciembre de 1910-9 de agosto de 1976). Cuba.

Nació el 19 de diciembre de 1910 en el campamento militar de Columbia, en La Habana, hijo de José María Lezama, coronel de artillería, y de Rosa Lima. En 1920, Lezama entró en el colegio Mimó, donde terminó sus estudios primarios en 1921. Hizo sus estudios de segunda enseñanza en el Instituto de La Habana, y se graduó como bachiller en ciencias y letras en 1928. Un año más tarde estudió Derecho en la Universidad de La Habana.

Lezama participó el 30 de septiembre de 1930 en los movimientos estudiantiles contra la dictadura de Gerardo Machado. Y publicó por entonces el ensayo Tiempo negado, en la revista *Grafos*, en la que al año siguiente se publica su primer poema titulado Poesía. Hacia 1937 fundó la revista *Verbum* y publicó su libro *Muerte de Narciso*. En los años siguientes fundó otras tres revistas: *Nadie parecía*, *Espuela de Plata* y *Orígenes*, junto a José Rodríguez Feo.

En 1964 Lezama se casó con su secretaria María Luisa Bautista. En 1965 ocupó el cargo de investigador y asesor del Instituto de literatura y lingüística de la Academia de Ciencias. En esa época fue publicada su *Antología de la poesía cubana*.

Su novela *Paradiso* apareció en 1966, fue considerada una de las obras maestras de la narrativa del siglo XX y calificada por las autoridades cubanas de «pornográfica».

Profundo conocedor de Platón, los poetas órficos, los gnósticos, Luis de Góngora y las literaturas culteranas y herméticas, Lezama vivió entregado a la escritura. Murió el 9 de agosto de 1976 a consecuencia de las complicaciones del asma que padecía desde niño.

Fragmentos

José Lezama Lima murió el 9 de agosto de 1976, horas antes de que *Fragmentos a su imán* saliese de la imprenta. Su viuda recibió un ejemplar de este libro, al llegar a su casa tras el entierro del poeta.

Fragmentos es una colección de poemas íntimos, armados en una tensión entre lo cotidiano y lo trascendente; cercanos, tocados por una humildad melancólica y por la sensación íntima del autor de que la muerte lo rondaba muy de cerca.

Los poemas de *Fragmentos a su imán* aparecen en orden cronológico, y abren, en una sucesión desconcertante, una nueva ruta en la poesía de Lezama. Son estrofas como esta, tomada del último poema, las que nos revelan un último Lezama, con una voz poética renacida:

> Tener cerca de lo que nos rodea
> y cerca de nuestro cuerpo,
> la idea fija de que nuestra alma
> y su envoltura caben
> en un pequeño vacío en la pared
> o en un papel de seda raspado con la uña.

Fragmentos a su imán

A María Luisa, mi esposa.

Desembarco al mediodía

I

Los dientes eran el piano
de estribor; el anteojo, una tripita
que sale del cristal
izquierdo, el puente en la nariz
estalla, lluvia de charreteras
confitadas, gaviotas
en su retraso para el fisco
entre dos nubes alumbrado.
El coco con dos ojos
pintados se sonríe,
aclamaciones, la pólvora
diseña un mariscal cegato
hurgando con la lanza.
La pelirroja haciendo señas
con la flauta, atrae
a la tripulación que ya reclama
fornicar a la intemperie.
El farol en la cabaña oscila,
reciben nalgadas los tamboriteros
que entran temblorosos en el sueño
del hijo del jefe de la tribu.
El tamboritero alza un vaso
de aguardiente, también orina su sandalia.
Lo sombreado desliza sus tres hijos,
echando en el oído
no el plomo ensimismado,
sino el oro y oropel

de las piedras de la orina.
Su prole sonríe invariable-
mente detrás de una máscara
de oro granulado.

II

Redondea una conchilla,
enlaza rúbricas en la brisa,
guarda resquemor la toronja
por su piel ancestral.
Su punteado amarillo viejo
rectifica la presuntuosa
marina matinal.
Su rechazo a las preguntas,
inmóvil zarandeo global,
tecla sonriente y gamuza
que quiere pulimentar la clorofila.
Oso marfil y violonchelo,
entre patines y bandejas
la avejentada toronja matinal,
en el imán de las herraduras.
El Mercurio de Juan de Bolonia,
con los brazos cruzados del arco iris
en la marchita espalda de la toronja.
Calva del clown
más besado por la vecinería.
Esfera armilar y clavicordio,
partidos en cuatro como un mazapán
y como un queso.

III

Esta es la noche octosilábica,
con sílabas que avanzan
hacia la pulpa de una fruta.
En cuartetos y pareados
se verifica la horrible bifurcación
de la noche, escogiendo entre dos ríos.
Las sílabas se alzan en dos patas,
como los caballos ante las letras
aljamiadas del relámpago.
Las sílabas musitadas en el cónclave.
El acordeón que se despliega
con el aire genuflexo
y vuelve como una pasa
a esconderse debajo de la faldeta.
Avanza y se pierde,
luego recoge las sílabas como granos
de maíz picoteados por el guineo.
Cada grano de maíz
asciende como una sílaba
por la garganta del acordeón.
Las flechas, cuando son pájaros,
atraviesan las manos con anones,
buscan el renacimiento de la vihuela,
y las sílabas se agrupan y sobresaltan
en el porrón de las cenizas.
Las flechas encandilan los despojos,
y salta el bailarín.

Décimas de la querencia

Para Fina García Marruz

Mariposa en entredós
vino la décima, Fina,
fingí astucia divina
como un griego, quería dos
plieguillos en la encina
fijos, me fingí airado
porque me fuera otorgado
el doblete del bailón,
y siento en buen alegrón
dos décimas he sumado.

No tengo el genio ni el rayo
de Jove, ni escapado
en el halcón del mes mayo,
sí el tomeguín azulado,
no en la ventana cipayo.
La aristía, la protección
de Minerva en el turbión,
con la que usted me acreciera,
no vale —Dios lo quisiera—
su caridad, su corazón.

Para Carlos y Rosario Spottorno

Sin aumentar su poder,
Júpiter con su merienda,
el instante que entienda
la lucidez sin ceder
el rasguño de la venda.
Naturaleza fascina
a la escama que se inclina
más al cordel que al cristal,
y ya peina el calamar
a la cipriota divina.

Para José Triana

La electricidad recorre
a los muertos, determina
la cortina que se corre
a la luz que el vidrio afina
de la ciguapa en la torre.
El baile pide un cedazo,
costumbre de un buen retraso
el muerto pierde la idea,
la noche relampaguea
un bastón, un bastonazo.

Para Juan David

A los hombres de Karnak,
seis veces nuestra estatura,
borra el silbo del carcaj,
los dañaba en su escultura
y en el antruejo su holgura.
El detesto y la mudanza,
canguro en su suave danza,
con un misterio sin ley,
albricias le dan al rey
metamorfoseado en lanza.

Para Darío Mora

Salpicándose en la arena
o viviendo para un brote,
salta el delfín la ballena
y se vuelve el estrambote.
Suerte tenga el que lo toque,
si perdiz en roja teja
no espina en la bandeja.
Chino y persa con Ceilán,
órficos sones dirán
linda esfera que se aleja.

Para Reinaldo Arenas

Una soga y un reloj,
un tenedor al revés,
el terciopelo y el boj
vistos en nube al través,
y el picaflor en su envés
va a su siesta milenaria.
Sin preguntar por su aria,
el carbunclo desconfía.
¿El fuego será un espía
o la abuela temeraria?

Para Luis Martínez Pedro

En el mar y en la llanura
y en la llanura del mar,
el tornasol aguamar
su nacimiento inaugura.
La brisa en la mina apura
la medusa traslaticia,
todo germen allí inicia
a la espiral que se ajusta
a la lengua que pregunta
cuando el pez rayando oficia.

Mañanas en la Sociedad Económica de Amigos del País

Mezclar proverbios, manzanas,
una pelea de sombras
entre libros y mañanas,
el café y las campanas,
las tardes que tú las nombras
en El libro de los Muertos.
Atravesamos desiertos
buscando el agua y el verso
en el enigma diverso,
no en parlanchines disertos.

Para Reynaldo González

Pregunta, diga el reverso
el cumpleaños del verso,
sonrisa de la toronja,
la amarilla luz esponja.
Fiesta y final de la luz,
vuelan los huesos en cruz.
Azul oscuro la trampa,
la tapa ya se levanta.
A la altura de los ojos
tiene el verso sus anteojos.

Décima sin escritura

Entrelazada sortija
el idolillo le lanza,
trasfondo de la botija,
la muerte, la contradanza,
y la flor que no se fija.
Invocando al dios tiznado,
—el ajo está machacado—
cada línea es un dedito
de Anfión como Pulgarcito
bebido, no escriturado.

Inalcanzable vuelve

No importa la reducción
entre el índice y el pulgar
que se mueve como un azogue
casi dormido.
La imagen brinca con el árbol,
que engaña con su tronco
contorneado
y lucha con alfileres
de provocación verde
que le recorren la espalda
cuadriculada como un mapa.
El árbol no termina,
el aire le llena su lenguaje.
Los relinchos entre su copa y el revés
de la copa lo aproximan al saurio de las llamas.
Las chispas verdinegras del caballo
colocan insectos sonrientes
en los sombreros que se ocultan.
Un farol de comparsa estalla,
las chispas con las luciérnagas mezcladas
reconstruyen la manga del mandarín
que llena la candela de cintas y de peces.
La cabeza gira hacia la banderola con los naipes.
Los peces se acercan al cristal de la copa
de los árboles y coralizan sus penachos japoneses.
Uno solo logra que su aliento sea descifrable
y la rama como en un circo nos da un manotazo.
Hacia allí vuelan los escuadrones de arena colorante
y el cangrejo sonríe la pulpa de un calaverón.

Blancos roedores entre sus raíces
y el infierno central
saltan indistintos, pero todos reconocibles.
El árbol no termina, siempre
está completo. Blancos roedores
entre las raíces que se hunden,
copulando con los reflejos.
En el espejo del tronco
una amarilla ave de cetrería
tolera al ave blanca masticando la nieve.
Al pie del árbol, juramentos
las tropas otomanas colocan arañas de rocío
sobre el blanco lomo de los corceles austriacos.
Dos espejos inclinados esperando,
el tronco en la mandrágora de la imagen,
comienza a ensalivar a las hormigas.
Sobre su cabeza un dedal de oro,
se acentúa un procesional color tabaco
y en las sienes se sangra manotazos.

Nuevo encuentro con Víctor Manuel

Hay que ser un Sócrates o un Carmides,
hay que hacer una sabiduría para un joveneto,
hay que ofrecer el humo de la sangre
como en un sacrificio,
para uno de los pocos venerables.
Recorrer una larguísima calleja,
donde la perennidad del diálogo
borra a Cronos y a Saturno.
Allí más viejo significó más sabio,
donde más joven significa más ardor
para abrevar en las metamorfosis de la sabiduría.
En los enconados matices de las generaciones,
de torcer hacia el camino contrario,
de querer hacer otra cosa que sea la misma cosa,
pocas excepciones hay en nuestra cultura
que tenga un rango semejante al tuyo,
pues todos los días empezabas la mañana
y terminabas tu obra.
Había que acercarse y alejarse,
sentir en tu presencia furia o sosiego.
Nos hacías sentir la justificación de una charla
de esquina o profundizabas desasusadamente
el hastío de las horas muertas.

Eras un elfo con cuernecillos de caracol.
Una vez me pidió el *Emilio*,
era para regalárselo a un amigo,
y qué pocos son capaces de pedir un regalo
para regalarlo.

Percibíamos en su presencia,
uno de los misterios de nuestra cultura,
como estaba dentro del orden de la caridad.
Se deshacía para restituirse
en la suprema generosidad del fuego.

Había recibido una gracia
y devolvía una caridad.
Ligero como la respiración,
era también paradojalmente palpable
como un poliedro de cuarzo.
Era la persona menos concupiscible que hemos conocido.

Todos los días nos demostraba
que la luz se materializa en el esplendor
de los cuerpos a la orilla del mar
o en el hastío de la fascinación
de las hojas, buscando en los parques
la mano del hombre.
Con una pasmosa sabiduría
igualaba la luz en los cuerpos
y el cuerpo de la luz andando
en la gama de los azules.
No tuvo que buscar la luz,
la comprobaba en la marcha
y en la ondulación de sus colores.
La gracia de la luz
era en él perennidad de sus instantes:
un rostro, un río, un balcón, un árbol.
Se asomaba para ver
y veía siempre una interminable fluencia,
pero no traicionó nunca las posibilidades de la mirada.

Era uno de nuestros misterios
y por eso conocía las misteriosas
cien puertas de la ciudad.
Me veo con él cortando la espuma de la cerveza.
De pronto, se acercó una vieja limosnera,
el instante se sacralizó cuando Víctor le dijo:
Bésame.
Le oigo un epigrama rapidísimo:
Un señorazo que llega y dice que se siente feliz.
Víctor me insinúa casi inaudible:
Aquí yace la felicidad.
Y se sonrió,
entonces palpé una verdadera alegría,
muy semejante a la música estelar.

Ligero y grave como la respiración,
nos enseñó en su pintura,
que la esencia de los arquetipos platónicos
está en la segregación del caracol:
chupa tierra y suelta hilo.
Nos dijo de nuevo
cómo un rostro era el rostro y los rostros,
cómo el árbol de Adonai
era el bosque de Oberón,
cómo un parque era también el origen
del mundo y el nacimiento del hombre.
En el misterio de las calles antiguas,
colocaba también su misterio.
Se perdía y reaparecía,
sin darnos tiempo para saludarlo,
o para despedirlo.

A la caída de la tarde,
en la placita donde O'Reilly y el Obispo
desenfundan su Tarot,
lo veo ahora desaparecer,
como siempre, convirtiendo el laberinto
en una de nuestras calles ancestrales,
y como un primitivo siento crecer
en mí la ingenua pregunta
de si el Sol, el niño de Whitman,
que sale de su casa todos los días,
acompañará de nuevo nuestro despertar.

Octavio Paz

En el chisporroteo del remolino
el guerrero japonés pregunta por su silencio,
le responden, en el descenso a los infiernos,
los huesos orinados con sangre
de la furiosa divinidad mexicana.
El mazapán con las franjas del presagio
se iguala con la placenta de la vaca sagrada.
El Pabellón de la vacuidad oprime una brisa alta
y la convierte en un caracol sangriento.
En Río el carnaval tira de la soga
y aparecemos en la sala recién iluminada.
En la Isla de San Luis la conversación,
serpiente que penetra en el costado como la lanza,
hace visible las farolas de la ciudad tibetana
y llueve, como un árbol, en los oídos.
El murciélago trinitario,
extraño sosiego en la *tau* insular,
con su bigote lindo humeando.
Todo aquí y allí en acecho.
Es el ciervo que ve en las respuestas del río
a la sierpe, el deslizarse naturaleza
con escamas que convocan el ritmo inaugural.
Nombrar y hacer el nombre en la ceguera palpatoria.
La voz ordenando con la máscara a los reyes de Grecia,
la sangre que no se acostumbra a la tenaza nocturnal
y vuelve a la primigenia esfera en remolino.
El sacerdote, dormido en la terraza,
despierta en cada palabra que flecha
a la perdiz caída en su espejo de metal.

El movimiento de la palabra
en el instante del desprendimiento que comienza
a desfilar en la cantidad resistente,
en la posible ciudad creada
para los moradores increados, pero ya respirantes.
Las danzas llegaron con sus disfraces
al centro del bosque, pero ya el fuego
había desarraigado el horizonte.
La ciudad dormida evapora su lenguaje,
el incendio rodaba como agua
por los peldaños de los brazos.
La nueva ordenanza indescifrable
levantó la cabeza del náufrago que hablaba.
Solo el incendio espejeaba
el tamaño silencioso del naufragio.

Sorprendido

No puedo. Es así. Y el caballo dobla el naipe.
Voy. La toronja escampa, deletreo.
¿Qué pregunta cabe? ¿Qué codo se entremezcla?
El turiferario se remoja, abandona.
Son juramentos, perogrulladas, testigos.
Un índice torcido como una nariz,
no sirve, ceniza, redondea.
Una estocada de cartón, presunciones.
El costillar al trasluz, una tromba
engorda el farol repartiendo cartas de Navidad.
Araño, voy y me sumerjo, ya no hay navegantes.
Toco, vuelvo la cara, ya las persianas repiqueteando.
Cruce de peces por las piernas abiertas, tijeras.
No llegó a parir, se aconseja, el naipe calvo.
La ventana ensalivada masculla el pimpollo,
centra el parpadeo, errante el vidrio roto.
Allí el tironeo, el vuelco del tiburón.
Pusilánime araña las botas el rastrojo,
vuelve arrastrándose por la acera al mediodía.
La salamandra sigue saltando
del chaquetón con mucha fiebre.
No puedo, voy a acostarme, despertaré sin el resguardo.
Las arañas alfombran confundiendo sus hilillos.
Don Aire congrega y descabeza.

No pregunta

Un abreboca y no un punzón con ojos astillados,
una ponzoña con mano izquierda,
en el escampado
una pelota con relieve
en los ojos hacia adentro,
en un rápido botarate lenguafuera.
Dondequiera, cabalgadura avinagrada,
en las rodillas letras de hueso,
en las rodillas brazos y pelucas,
lanzando un entrecortado humillo
de azufre en el tambor infratierra.
Camina hacia el escondrijo,
la carcoma en el perchero queda.
Un encontronazo de cabra y cemiceja,
casi y casi roto en polvo,
dondequiera.

La madre

Vi de nuevo el rostro de mi madre.
Era una noche que parecía haber escindido
la noche del sueño.
La noche avanzaba o se detenía,
cuchilla que cercena o soplo huracanado,
pero el sueño no caminaba hacia su noche.
Sentía que todo pesaba hacia arriba,
allí hablabas, susurrabas casi,
para los oídos de un cangrejito,
ya sé, lo sé porque vi su sonrisa
que quería llegar
regalándome ese animalito,
para verlo caminar con gracia
o profundizarlo en una harina caliente.
La mazorca dura como un diente de niño,
en una gaveta con hormigas plateadas.
El símil de una gaveta como una culebra,
la del tamaño de un brazo, la que viruta
la lengua en su extensión doblada, la de los relojes
viejos, la temible
y risible parlante.
Recorría los filos de la puerta,
para empezar a sentir, tapándome los ojos,
aunque lentamente me inmovilizaba,
que la parte restante pesaba más,
con la ligereza del peso de la lluvia
o las persianas del arpa.
En el patio asistían
la Luna completa y los otros meteoros convidados.

Propicio era y mágico el itinerario de su costumbre.
Miraba la puerta,
pero el resto del cuerpo permanecía en lo restado,
como alguien que comienza a hablar,
que vuelve a reírse,
pero como se pasea entre la puerta
y lo otro restante,
parece que se ha ido, pero entonces vuelve.
Lo restante es Dios tal vez,
menos yo tal vez,
tal vez el raspado solar
y en él a horcajadas el yo tal vez.
A mi lado el otro cuerpo,
al respirar, mantenía la visión
pegada a la roca de la vaciedad esférica.
Se fue reduciendo
a un metal volante con los bordes
asaltados por la brevedad de las llamas,
a la evaporación de una pequeña
taza de café matinal,
a un cabello.

Eloísa Lezama Lima

Una sonrisa que no termina.
Una sonrisa que sabe terminar admirablemente.
La sonrisa se agranda como la noche
y los ojos se reducen a una pequeña piedra
escondida. Calidad de un mineral
que se guarda en un paño de aceite
milenario: Saber reírse y dar la mano.
Las pausas y los hallazgos de la risa
transcurren con la sencillez de una silla pompeyana.
La mano ofrece la brevedad del rocío
y el rocío queda como la arena tibia del recuerdo.
Ofrecerá así siempre la sencillez compleja de la risa
y el acuoso laberinto de su mano en el sueño.

Oigo hablar

Oigo hablar a un pájaro moteado:
cuacuá.
En la cabeza tres círculos verdes
y los ojitos que abren y cierran la noche.
Las banquetas para los violinistas
y en medio de la pechuga aljamiada
una garrafa saludando como en un minué.
Las levitas y los sombreros
manchados de Luna, con alas pequeñas,
corrían a ocultarse detrás de los árboles.
Los violines también detrás de las hojas
crecían escindidos pisados por la escarcha.
El violinista de levita morada exclama:
cuacuá.
Y todos los trombones borrachos en la medianoche
saludaban, alzaban las ventanas,
elevaban por el aire el pelo del violín.
Una pausa y después se oyó:
cuacuá.
Los animales hablaban primero,
el pájaro perfeccionó el diccionario,
la orquesta solo lo hizo girar, girar,
soltar sus espirales y recogerlas
en la manga con botones heráldicos.
El pájaro en su casaca de abril
nos regaló el lenguaje interpuesto,
el pelo del violín cruzado con el rameado sedoso,
el ojo del pulpo en el ancla al mediodía:
cuacuá.

El violinista con sus pelos angélicos,
impulsados por la orquesta y su tic tac
de escarcha amoratada, saludaba
de nuevo la hoja reverente
y dejaba caer una gota
hidrocéfala con los ojos sangrantes:
cuacuá.

Una fragata, con las velas desplegadas, gira golpeada por la tempestad, hasta insertarse en un círculo transparente, azul inalterable, en el lento cuadriculado de un prismático

Las velas se vuelven
picoteadas por un dogo de niebla.
Giran hasta el guiñapo,
donde el gran viento les busca las hilachas.
Empieza a volver el círculo
de aullidos penetrantes,
los nombres se borran, un pedazo
de madera ablandada por las aguas,
contornea el sexo dormilón del alcatraz.
La proa fabrica un abismo
para que el gran viento le muerda los huesos.
Crecen los huesos abismados,
las arenas calientan
las piedras del cuerpo en su sueño
y los huevos con el reloj central.
El alción se envuelve en las velas,
entra y sale en la blasfemia neblinosa.
Parece con su pico
impulsar la rotación de la fragata.
Gira el barco hacia el centro
del guiñapo de seda.
Sopladas desde abajo
las velas se despedazan
en la blancura transparente del oleaje.
Una fragata
con todas sus velas presuntuosas,
gira golpeada por un grotesco Eolo,

hasta anclarse en un círculo,
azul inalterable con bordes amarillos,
en el lente cuadriculado de un prismático.
Allí se ve una fingida transparencia,
la fragata amigada con el viento,
se desliza sobre un cordel de seda.
Los pájaros descansan
en el cobre tibio de la proa,
uno de ellos, el más provocativo,
aletea y canta.
Encantada cola de delfín
muestra la torrecilla en su creciente.
Hoy es un grabado
en el tenebrario de un aula nocturna.
Cuando se tachan las luces
comienza de nuevo su combate sin saciarse,
entre el dogo de nieblas y la blancura
desesperadamente sucesiva del oleaje.

Palabras más lejanas

La mañana suda una palabra,
apesadumbrada desaparece,
correteando dobla la esquina.
Entra silenciosa en la taberna,
todavía allí los cantantes metafísicos de Purcell,
el eco de la campana la adelgaza.
Pondrían la mano sobre su hombro,
añadirían otras palabras al oído.
Jugará a perderse
con las arenas que la bruñen.
Está alegre porque ha venido
a verle su nueva cara, se adormece
en el ahumado rodar de las monedas.
Desaparece como una ardilla
en la medianoche de la otra esquina
recién apagada.

Se desprendió

Se desprendió el humor de la patata,
reía en la profundidad del saco
la cercanía del verde en la lechuga,
después su gravedad fingida
en las manoseadas arrugas del cartucho.
Cuando llega en el temible tamaño
del saco con sus piedras comestibles,
adquiere sus fantasmales tijeras
y comienza a saltar por el tejado.
Espera el hollín para tatuarse,
para sacralizar su cáscara
con las magulladuras que le regalan
un rostro dispuesto a dejarse
devorar por el humo en el pico del buitre.
Espera dura, es pera dura decimos,
comenzaste su avaricia de lana
caliente, la cejijunta lana
que guarda las monedas en el sótano.
La papa vino a profundizar
a las viejas porteras europeas,
les cuidaba el reuma en los bolsones,
bendecía el pasado mañana.
Ahora diestra las hacía cabecear
con alegría el secreto confortable:
la reluciente cantina diamante al mediodía,
y nuestro sudor que mira el dorado
que va proclamando la saliva pretenciosa.

El suplente

Vendrá el suplente en agua a conversar.
Se dirigirá hacia el norte donde tejen,
desconocido llegará a los que lo protegen.
Se arrancará su diente y a sembrar.

Vendrá el suplente en vino a pelear,
esgrimirá la traílla en zumbido planetario,
tropezará con el estilo rufián del carbonario.
Se apretará el chaleco y a bromear.

Los dos suplentes no se encontrarán en la escalera
aunque dejarán sus huellas en el molde de cera,
al mismo tiempo se taparán con las dos hojas de la puerta.

No se saludarán al valsar los largos corredores,
pero se embriagarán con los mismos escanciadores.
Ya llega el otro suplente para tirar del rabo de la puerca.

El cuello

El cuello de la botella,
incitación arco iris,
es como la garganta del diablo.
No pasa un dedo
y la mirada tropieza con las culebras
del fondo profundizado por la borraja.
Yo, como una rana,
dentro de la botella, mi cuerpo
es un Atlas entre el tapón
y el anca que lentamente recorre
todo su fundamento maternal.
La uva emparienta con el cristal,
un equilibrio indescifrable,
como el aire en la balanza de Osiris.
El rocío sobre la uva en la mañana
se iguala con la respiración del pájaro,
bulto, después cuerpo de niebla
que comienza a respirar.
Descorchan los ojos de vidrio de un indio sioux,
el instante del pelillo ante la luz,
y después la cascada ceñida de anillos
y de gritos que rodean el cuerpo dictando
los nuevos cuerpos que tropiezan
en la carnalidad rocosa del ombligo.
Dentro de la botella,
un tercio de año en la humedad de la cueva,
un esqueleto, un molino, las bodas:
el barroco carcelario.

Me hace propenso

El ramo de espárragos intacto, ondula
apretando la carne del anón,
dos blancos fáciles de descifrar.
Una blancura cremosa y la nieve blanqueando.
El blanco crema para el sombrero finisecular
y el blanqueante en las manos
que hurgan la repisa con un paño escocés.
La bombilla con una pantalla verde
mezcla en un *lamentoso* hipante
el espárrago lunar y la escarola lagarto.
La túnica del dominico de verba derramada
se pinta con el barniz innato
del blanco del espárrago.
En la mañana, tropezando con la blancura del pan,
se mira una túnica
y se pinta un espárrago.
Se intenta dibujarlo
y brota un fantasma dificultoso,
entre la extensión de las manos
y las manos cortadas, bailando
ya en la cesta de las mangas.
Hundiendo dos dedos en la raspa lunar,
el espárrago brilla como un ojo de pan.
Esa blancura
me hace propenso
como si todos fuesen otros.

Atraviesan la noche

En la medianoche un pisicorre,
lleno de músicos,
traquetea las viejas piedras,
con astillas de plata,
como las que vi en Taxco,
entrando en la ciudad.
La cómica gorda
y el galán enlombrizado
tropiezan con el cerrojo
de la ventanilla —melindres
y se arrancan cabellos—.
Gritos y campanillas,
los tintes de una mejilla
resbalan al vozarrón del orine
de los caballos nadantes,
con sombrillas
sobre las ancas infladas.
Pardo terrenal
y ráfagas violetas,
alardean los tumbos
que el farol descifraba.
Una casa sin nadie,
con vaciedad teatral,
apuntala los músicos
que pasan.
Ahí se detiene el apóstrofe
del brazo demandado
fuera de la ventanilla,
con escarcha de diferentes plumajes.

Entra entonces al grupo
un reloj de péndulo
que tropieza con las carcajadas
de los músicos hundidos
en su almohadón con cascabeles.
Las borlas del tiempo,
creadoras como las pistolas
de Montecristo y los bolsones
espermáticos desinflados en el río.
¿El gallo?
Abrió las piernas
y señaló con el índice.
Y el cacareo
en el ascua del cigarro.

Aquí llegamos

Aquí llegamos, aquí no veníamos,
fijo la nebulosa,
borro la escritura,
un punto logro y suelto la espiral.
Aurora del contorno y baila el remolino.
Dentro de la niebla un punto
salta, un gato madrugador
con antifaz mueve su cola,
como dos piernas pegadas con correas,
que comienzan a girar
como un péndulo de agua dura.
Tajando hacia dentro,
parece preludiar un tórax abombado,
la fábrica de los cuchillos
abre los ojos de la camerata
donde la espada semidormida brilla.
Pero no miramos allí,
a pesar de las luces que despide,
el gato con antifaz
domina la próxima pieza de dormir.
Allá el brazo pesa
como un cartucho de agua,
pero suelta de pronto sus cohetes
y nos quedamos ciegos,
mientras nos palmotean las espaldas.

Discordias

De la contradicción de las contradicciones,
la contradicción de la poesía,
obtener con un poco de humo
la respuesta resistente de la piedra
y volver a la transparencia del agua
que busca el caos sereno del océano
dividido entre una continuidad que interroga
y una interrupción que responde,
como un hueco que se llena de larvas
y allí reposa después una langosta.
Sus ojos trazan el carbunclo del círculo,
las mismas langostas con ojos de fanal,
conservando la mitad en el vacío
y con la otra arañando en sus tropiezos
el frenesí del fauno comentado.
Contradicción primera: caminar descalzo
sobre las hojas entrecruzadas,
que tapan las madrigueras donde el Sol
se borra como la cansada espada,
que corta una hoguera recién sembrada.
Contradicción segunda: sembrar las hogueras.
Última contradicción: entrar
en el espejo que camina hacia nosotros,
donde se encuentran las espaldas,
y en la semejanza empiezan
los ojos sobre los ojos de las hojas,
la contradicción de las contradicciones.
La contradicción de la poesía,
se borra a sí misma y avanza

con cómicos ojos de langosta.
Cada palabra destruye su apoyatura
y traza un puente romano secular.
Gira en torno como un delfín
caricioso y aparece
indistinto como una proa fálica.
Restriega los labios que dicen
la orden de retirada.
Estalla y los perros del trineo
mascan las farolas en los árboles.
De la contradicción de las contradicciones,
la contradicción de la poesía,
borra las letras y después respíralas
al amanecer cuando la luz te borra.

El pez y los ojos

Los ojos, como un dedo que restriega,
repasan las escamas coloreadas,
sudan una escarcha y son cristales
que burlan la prisión que los fija.
La mano inmóvil y lejana
comienza las caricias, se interpone
un recto aire melodioso que busca
las flautas entre la hierba,
donde se extiende, como en un despertar,
un pez lastimero, tan caricioso como lastimero.
Las abiertas cuchillas de las aletas
van manchando la plumilla de las olas,
reciben el memorial sellado
de los cisnes ciegos, tocados por la chispeante
vejiga natatoria
y sus preguntas de energía ceremoniosa.
Todas las escamas van hacia la escama,
un ojo aplastado cegador,
donde la luz es solo la extensión.
Las escamas son la luz en el rotar
de la extensión, sin el caballo de mar
que lo inaugura y el mercado donde canta
en las canastas sudorosas de la siesta.
El ojo y la mano para la escama,
aun el ojo que se aleja
y la mano que se inmoviliza
sin asir la escama que se hunde,
están apuntalando su paso que rebrilla
como el ascua en la cola del cometa.

Están en el vacío, en una caja de corales.
Se enciende la mirada con las rayas
de las algas, bordea el fósforo diamante,
se restriega el pez en las manos
y se fija el puente que separa
los dos ojos. Sumergido fluye,
flecha silenciosa o pez semidormido,
el demonio del mediodía.

El ascenso

La escalera del árbol
y el árbol de la casa,
levantan por el centro
el mantel blanco y dormido.
Por la escalera trepa una hormiga,
un ciervo que se va apoyando
con los cuernos mojados en la Luna.
Una muchedumbre que va ascendiendo,
pero la escala es insensible
al peso de los pies tropezando,
sumando botones y cordeles.
Pesa más un costado, rectifica
los brazos, al fin asciende
borrada la escala.
Su cabeza penetra en el tejado,
allí su mano percibe, con los ojos
sellados, la piel fina
del murciélago, con miradas de garzón
inventadas por la madrugada.
El murciélago se trueca en los ojos
que comienzan a saltar los peldaños.
Refuerza los huecos ascendentes,
los ojos torcidos por el aletazo
que borra los estiramientos del cuerpo.
La escala atraviesa como una lanza
el sombrero marchito del desván cabeceante.
Allí un trueno atestigua el brazo
y los peldaños son la línea del horizonte.

Mi esposa María Luisa

En la azotea conversable,
con riesgo de tu vida,
lees la Biblia.
Era toda su casa
que ahora tropieza con el humo.
Lees la Biblia
donde una hoja
traspasa el agua
y las generaciones.
Lees con temblor,
recordando los hermanos
muertos, el Salmo 23.
Tu madre se lo leía
al hijo que se va a morir.
La hija se lo lee
a la madre a la hora
de la paz de Dios.
Eres la hermana que se fue,
la madre que se durmió
en una nube frente a la ventana.
Las cuatro, a mi lado,
me levantan todos los días
para fortalecer la mañana
y comenzar el hilo de la imagen.
Lenta, con dignidad silenciosa,
rompes *la silla de los escarnecedores*.
Cuando sacudes las almohadas
llenas de plumas de ángeles,
recuerdo en lontananza y repito

con precisión: *en delicados*
pastos me hará yacer.
Cuando la muerte sopla la puerta
de entrada, en la muralla momentánea,
traes la vara y el cayado.
Así mido la nueva extensión,
allí hay que caminar como un ciego.
Con el cayado sorprendo
la altura de la marea desconocida
y palpo la esponja de entresueño
para volver a la tierra.
Contigo la muerte fue anterior
y efímera y la vida prevalece
por amor de su nombre.

Antonio y Cleopatra

Las galeras, brazos
cruzados sobre la serpiente
y el ojo de la turquesa manchado
con polvos de azafrán.
Las aguas de seda
contemplan con ojos plateados
los gusanillos que surcan las velas
del trirreme romano,
con una voluptuosidad que araña
dulcemente los agujeros de la flauta.
La luz fragmenta al ser tocada
por la proa y la gaviota
tiembla al recibir ese impulso
inesperado, que remueve como una cosquilla
las plumas solares de la pechuga
que intercambian los colores de la hoguera.
La tiara resbala a nivel de las aguas
y allí imanta la subdividida sonrisa de las sardinas.
(Cada sardina una mordida en la tiara.)
(Cada tiara en los volcanes de la Luna,
echa a bailar un monillo con tafetán morado.)
El viento dilata las túnicas
cuando el acordeón de los senos se acompasa.
La sierpe busca el dátil, no el pezón,
el índice anillado dirigía la mordida.
El hechicero enseñó la pantorrilla,
quería participar en el banquete
y no leer en las nubes que deshacen sus letras.
El mensajero espantado por los eunucos,

murmura al lado de la galera de seda.
En la popa lo cubre un toldo
de algas, la desnudez de Horus
se iguala con la muerte.
Se astillan los remos en la cabeza de los cocodrilos,
prepara los saltos del monillo
vestido de morado.
La galera se detiene, un golpe de címbalos
en la embestida de cada ola.
La serpiente salta a la toldilla de los músicos.
Decimos galeras de seda
y cerramos los ojos.
La reminiscencia milenaria
mueve de nuevo la sierpe, allí
el pezón se reconstruye.
Vean la cochinilla caminando la lechuga.

Je dit: une fleur

Para Chantal Triana Dumaine

Un diamante se advierte
tocado por un junquillo;
la destreza la divierte,
un alfil de compasillo.

El enigma de su piel
es gravedad en la brisa;
lejos, cerca se divisa
el clásico hidromiel.

Definición la ventana
donde brinca decidida,
sorprendiendo a la mañana

la pregunta sonreída.
Pañuelo en punta de pies,
digo Chantalit *precieuse*.

Enemigos

Entremezclados el furor y el delirio,
van a romper su oscura clara de huevo,
ni una antigua edición ni una piel nueva,
ni las flechas para un aprendido martirio.

Se destruye una antigua flecha, la punta
se enemista con la fantasmagórica coraza,
la parábola de los extremos junta
y el insomne siguió trabajando la hilaza.

Aquí hay dos irreconciliables, armados de bronce duro,
el brazo se petrifica, el brazo más maduro
pende como las pesas del reloj de la torre.

El furor y el delirio, cada uno va a buscar su caballo.
Tiene que dividirlo la agujeta del rayo
y unirlo el trueno que los borre.

Agua oscura

I

La oscuridad desemboca
más allá de su morrión,
borra las letras que toca
con aceite y con lanzón.
La oscuridad que se invoca
roza mis labios con fuego,
su escritura salta y luego
traza un pavón auroral,
los designios del coral
y los perplejos del juego.

II

Agua tersa va muriendo
en los juncales del río,
el techo del caserío
se inclina y va lamiendo
los entorchados del frío.
Un fulgor y dos a dos,
tejidos como entredós,
sin estorbo y sin sonrisa,
cuando la toronja avisa
una mañana con Dios.

III

Prepara los contragolpes,

el vino y los borbotones,
el fantasma y los mandobles,
mientras ascienden sillones
impulsados por redobles
que crujen en la pizarra.
El jinete se desgarra
al romperse la campana
en tropel de filigrana
y en badajo que desbarra.

IV

Llegan consejos, suspiros
de un andar de medianoche,
el deslizarse del coche
va soplando los vampiros
que oscurecen el derroche
de un chal y de una lumbre
que cubren la muchedumbre
de astros en sus chirimías.
Tamañas algarabías
y un cielo de podredumbre.

V

Al despertar el confín
media aurora y media granja,
se vislumbraba un sinfín
de un amarillo naranja
donde bailaba un delfín
la ronda de la pasión
de una nueva creación

de playa y de horizonte,
como si creciera el monte
hinchado por la canción.

VI

En el hotel se inmiscuye
el patio con algarrobo,
la noche que restituye
un caracol y un lobo,
después la noche concluye
su obertura, lo que queda
en la mañana de seda
brinca como un tornasol.
Guadarropía del Sol
con el plumaje de Leda.

VII

Con la vejiga nadante
digo la respiración,
recupera ya el *andante*,
y no suda en el balcón
sueños de un febricitante
que fulmina un cometario.
Rebrillos del lapidario
en la mañana escondido,
y así entona sumergido
el ojo del lampadario.

VIII

El brillo, el metal, aurora
que vuelve al metal hervor
una hilacha de fulgor
rota al centro por la prora,
el pañuelo, el decidor
en su mejor elegancia,
va diciendo la fragancia.
Es la función del anzuelo,
tirar un pescado al cielo,
llenar de azul la distancia.

IX

Miro al través de una reja
una luz que se bifurca,
por encima de la teja salta,
como una trifulca,
un bulto que no nos deja.
Les disparamos venablos
a los diversos retablos
con figurillas de cera,
un buen olor nos espera,
ya se fueron los mil diablos.

X

Músico sin instrumento,
girasol sin rumbo al Sol,
terso y plano caracol

caminando contra el viento.
Risotas para un lamento
mueve su cola al revés,
es paradoja tal vez
ver un cielo en la bombilla.
Gracias de la cochinilla
en un pezón al revés.

XI

El patio del corralón
baila tijeras inciertas,
están siempre recubiertas
de un cegato pañolón.
Así en fila, descubiertos
van pasando en extramuros
un desfile de canguros.
Como un atlas de lo informe,
la noche entera deforme
y el rezo de los Dioscuros.

XII

Existe aquí un doblaje,
el tesón del brazo duro
que recurva en el boscaje
como un carrusel maduro,
o la cinta del lenguaje
cuando procura encubrir,
más que todo desdecir
el choque de verbo y aire,
como la pluma al desgaire

hace imposible mentir.

XIII

Canoro y métrico coro
en los puntales del día,
una raya como un oro,
tortuga del mediodía
y un clarinete sonoro;
al lastimarse la quilla,
con la presión la rodilla
cubre seda al calamar,
trenzando al fondo del mar,
peluquín sobre una silla.

XIV

Alrededor de una paila,
un tridente sacamuelas
enreda las entretelas
donde un gnomo vuelve y baila
tijereteando las telas.
Sentado sobre un castaño
aparece cada año
este gnomo y este arquero
tiran sobre un minutero
que a sí mismo se hace daño.

XV

La mentira se rompió,
una parte voló al cielo

y a sí misma se entendió
forjar como un caramelo.
¡Magna interpretación
a la altura del balcón!
Dueño de este rocío
la mentira fue forrada
y ahora yace arrebolada
en los discursos del río.

XVI

Viruta de platabanda
las alas del pectoral,
en la sacristía ya anda
el espíritu del mal,
con campanillas desbanda
un tumulto desigual,
el terror ya residual,
fuera de toda condena,
sigue como un alma en pena
la más triste bacanal.

XVII

En la roca desespera,
cortada por el helecho,
allí solitario impera
la espuma de un blanco lecho
que sigue en eterna espera
de dos espaldas lunares,
llenas de anclas abisales
y quitasol de Cipango.

Con pasos lentos de tango
el ciclón en los maizales.

XVIII

La voz se rompió el alcor
solitario se perdió,
fue más grande que el terror,
la espina dorsal sintió
lenta como un estertor
que en la ventana de olvido,
signos donde está perdido,
un extraño caminante
que se acercó tan gigante
y en lo blanco fue hundido.

XIX

Borrando la comprensión
de una alegre juglaría,
los instrumentos del día
tiran, rompen su acordeón
y su compás que medía
media esfera y media espira.
Ya se levanta y expira
cerca del césped fruncido
y va quedando dormido
en la noche de la pira.

XX

Un chispazo mineral

separa las dos alcobas,
como si al cubrir las ovas
se derramase la sal
burlando los rompeolas
que bifurcan ola y ala
en el centro de la sala
donde sonríe el acuario
la teoría de un planetario
que el fuego callado exhala.

XXI

El dueño de la corneta,
el infante bien nacido,
la sangre y allí fue herido
al quitarse la careta
ráfaga del sin sentido,
gritando desde el trasfondo
el último *cante jondo*
que en espirales se pierde.
Aviva la sangre al verde
desde el matiz hasta el fondo.

XXII

Rompiendo la donosura
y acabando con la iguana,
buscando otra hermosura
más alada y más humana,
que en el vacío murmura
del caos y de los vientos
que borran los juramentos

que siguen astro por astro,
ya van recreando el rastro,
pegando en la cola al viento.

XXIII

Une la casa cercana
con el lejos de la ola,
el oído en caracola
reinaugura la mañana,
blanca arena en tersa cola.
El retrato, un garabato,
polémico caricato,
se va destiñendo el sobre,
quedando en placa de cobre
el maullido de un gato.

XXIV

Viene la noche irónica
con remedos de botín,
al pasar un serpentín
se muestra aún pletórica.
La noche cae al confín
como si fuese una larva,
más escarba y más escarba.
Al penetrar con su lanza,
como una esperanza parva
al ciego de bienandanza.

Amanecer en Viñales

Ya el tatuaje de un pescado
o los castigos de un *yes*
Fierabrás va encaramado
en pitagórico tres.
Fiesta, llegó el convidado.
Síncopas, viejo remero,
es el ¡ay! del melonero,
el matiz del amarillo,
desde el escolar sencillo,
ondas del río primero.

El espíritu sin libro
y el libro espiritú
¡con el *daimon* ya me libro,
los manes de Manitú!
El romance sin peligro
siguiendo la serventía.
Se pronuncia como el día
el nublo de dos jinetes,
el cortado en jarretes
y el triunfante Mediodía.

No sabrás que buena luz.
¿Sin sierpe hay melodía?
No es el farol, es el día,
sin antifaz ni capuz.
Queda aún la celosía,
su capuz, la noche grata.
La hormiga de cada mata

acrece como un frijol,
ancha como el guarandol
de un girasol de piñata.

En la reunión nocturna
cae la palabra, señores,
no hay lechuza ni embadurna,
sí flautines, ruiseñores,
collares de cundiamores,
mosaicos de azul turquí.
De San Antonio a Maisí
Fierabrás traza su Eros,
el chivo de los santeros
con el sabor del anís.

El queso con la guayaba
o virreyes al rocío,
la palabra deslizada,
escaramuzas sin frío
de la granja aljamiada.
Muelle plumón y ventana,
sí el verdor de la rana
en la madera pulida,
salta la entremetida
de la noche a la mañana.

De la noche a la mañana
se interpone la neblina,
pero este pez serafina
con anchura de campana
ya trasuda arena fina.
Derriba como Anfión

con *larghetto* de acordeón.
No tenemos el invierno,
ni descenso al infierno,
el no, topo, y el llorón.

Bisiestos del caracol,
suda tierra y vuelve hilo.
No peluca en coliflor,
el arcoiris en vilo
sabe rezumir la flor.
Robar los melocotones,
son las más sabias lecciones,
sal de la longevidad
y el filósofo Sang Fo.
Un palmeral es su yo,
y otra vez la eternidad.

Retroceder

I

Retrocedo hasta el borde de la piedra,
donde termina con ojos prestados
y solares. Abrir los ojos es romperse por el centro.
Retrocedo hasta donde la piedra se cierra.
Allí donde la piedra se duerme sobre la mesa.
Una mesa patas arriba, una mesa que camina
como un reloj y de pronto lanza su reojo.
Con excesivo trabajo roedor
llevo la piedra a la humedad de la esquina.
La piedra resbala por mi espalda,
se divierte al rozar la oreja.
Del cuarto he salido al acantilado.
Allí me encuentro con un ciervo
que raspa con los cuernos el cielo
apuntalado entre dos estacas temblorosas.
El ciervo lame la mesa de lectura,
rompe el cristal con estampas polares.
Cuando lo voy a acariciar queda
un vacío barbado.
Absorto por el acantilado sin pensar
que pudo encontrar un pañuelo
con iniciales de encías sanguinolentas.
Se detiene, se esconde un cangrejo gigante.
Es la misma mesa con la piedra.
La piedra que inaugura su respiración en la esquina.

II

La cornamenta difusa
suda tinta, la tinta escrituraria
que forma parte de la noche.
Oh, fragmento barrido por un aguacero
que envuelve los bultos al saltar
de un barril a las losetas del suelo.
La tinta los lleva a retroceder
a los agujeros que se saltan
y a un cansancio inapresable,
que se escapa con grandes risotadas.
Todo allí está roto, con soplos arenosos,
con fondos de botellas que se clavan
en la cornamenta difusa,
y allí surge como una anémona
que tiene el secreto nocturno de la apertura
que domina la casa del pescador ciego.
Con su aire que gira hacia el poniente,
hacia el último retroceso carnal,
los crepúsculos del calamar,
los corpúsculos del camarón sobre la lentitud de la lengua.
Retrocedemos, pero las lianas se entreabren
y surgen los ojos que llenan el espacio
de una raya ígnea, mientras la otra mitad solar,
las camisetas con sus himnos de tijeras y lunares,
van dejando caer una gota sobre la flor decapitada.
Retrocedemos para guardar esa gota.
Retrocedemos para guardar la camiseta.

III

¿Qué encontraremos en aquel confín?
Allí donde las moscas desprecian
el humor de la tierra, las vueltas
impasibles sobre la almohada inapresable.
Un río arrastra un brazo con un pájaro,
resbala allí como en una canal fangosa.
Es el brazo que abría la casa en la colina,
era el pájaro maestro del polen del girasol.
El golpe de una nube aleja más la casa,
sus techos fueron remplazados por grandes carcajadas.
Esas risotadas en una casa sin techo
son los buitres, pero la piedad de las nubes
sopla ligeramente su sombrero sobre la casa
y la quiere envolver en cintas dominicales.
Allí he tenido que retroceder, el gamo
que apuntalaba el cielo no puede aparecer
frente a la casa levantada por el humo.
¿Qué podía esperar? ¿Dónde apoyar
siquiera un dedo en el polvo?
Ya no podía retroceder más. Entonces sentí
la respiración primaveral de la almeja. Una
muchedumbre silenciosa se apeó de sus caballos ciegos.
El rey Arturo besa la serpiente.

Virgilio Piñera cumple 60 años

Como un pistoletazo en el violáceo azufre
los ángeles pactan con los demonios,
buscando el gran ojo primigenio.
Vuelven los demonios a pactar con los ángeles,
buscando la sabiduría
de las ondas del pífano
al penetrar en la ciudad.
Un ruidillo en la nada,
innato o con prestaciones vergonzantes
precipita el coro de los diablillos
que van a sostener el manto del niño de Praga.
Llega entonces el inalcanzable
paraje de la nieve,
la pequeña Luna caída
en la profundidad infantil del tazón
o en el ballenato tedioso de los mares,
allí la silla destrozada, la del obispo encadenado,
allí se vuelven a ver los demonios y los ángeles
correr hacia un punto, volcarse en la laguna,
peinarse más las plumas que los cabellos.
Sus pequeños rostros sonríen con dientes de leche.
Sabemos, qué carcajada, que lo lúdico es lo agónico.
Como solo existen el bien y la ausencia,
los demonios y los ángeles se esconden sonriendo.
Su mano madura, como decimos las uvas maduras,
han dado un fuerte manotón sobre el tablero.
El ángel avanza rápido como el alfil.
El demonio salta como el caballo oblicuo.
Sus manos cruzadas golpean los sesenta

golpes de la cábala,
el hierofante y la emperatriz duermen ya
en la cámara de la reina.
El ojo y el mar se abren en círculos concéntricos.
Sobre un tablón,
jugando lo terrible,
el bien y la ausencia.

Doble noche

I

La noche no logra terminar,
malhumorada permanece,
adormeciendo a los gatos y a las hojas.
Estar aprisionada entre dos globos de luces
y mantener, como una cabellera
que se esparce infinitamente,
el oscuro capote de su misterio.
La noche nos agarra un pie,
nos clava en un árbol,
cuando abrimos los ojos
ya no podemos ver al gato dormido.
El gato está escarbando la tierra,
ha fabricado un agujero húmedo.
Lo acariciamos con rapidez,
pero ha tenido tiempo para tapar
el agujero. Hace trampa
y esconde de nuevo a la noche.

II

Entré en el cuarto,
no me decidí a encender la luz.
Estaba un hombre sentado en un taburete,
su espalda toda frente a mis ojos.
No lo sentí como extraño
ni alteraba la colocación de los muebles
ni el botón de la luz.

Como en una explicación casi inaudible
dije: Uno.
El otro, con su cuerpo inmovilizado,
moviendo sus labios con sílabas muy lentas,
me respondió: el cuerpo.
Temeroso, con gran culpa, encendí la luz.
El otro seguía en su taburete,
comenzó entonces como un debate ciceroniano
en el senado romano,
golpeando las almohadas con los puños.
El gato absorto y lentísimo
comenzó de nuevo a esconder la noche.

Los fragmentos de la noche

Cómo aislar los fragmentos de la noche
para apretar algo con las manos,
como la liebre penetra en su oscuridad
separando dos estrellas
apoyadas en el brillo de la yerba húmeda.
La noche respira en una intocable humedad,
no en el centro de la esfera que vuela,
y todo lo va uniendo, esquinas o fragmentos,
hasta formar el irrompible tejido de la noche,
sutil y completo como los dedos unidos
que apenas dejan pasar el agua,
como un cestillo mágico
que nada vacío dentro del río.
Yo quería separar mis manos de la noche,
pero se oía una gran sonoridad que no se oía,
como si todo mi cuerpo cayera sobre una serafina
silenciosa en la esquina del templo.
La noche era un reloj no para el tiempo
sino para la luz,
era un pulpo que era una piedra,
era una tela como una pizarra llena de ojos.
Yo quería rescatar la noche
aislando sus fragmentos,
que nada sabían de un cuerpo,
de una tuba de órgano
sino la sustancia que vuela
desconociendo los pestañeos de la luz.
Quería rescatar la respiración
y se alzaba en su soledad y esplendor,

hasta formar el neuma universal
anterior a la aparición del hombre.
La suma respirante
que forma los grandes continentes
de la aurora que sonríe
con zancos infantiles.
Yo quería rescatar los fragmentos de la noche
y formaba una sustancia universal,
comencé entonces a sumergir
los dedos y los ojos en la noche,
le soltaba todas las amarras a la barcaza.
Era un combate sin término,
entre lo que yo le quería quitar a la noche
y lo que la noche me regalaba.
El sueño, con contornos de diamante,
detenía a la liebre
con orejas de trébol.
Momentáneamente tuve que abandonar la casa
para darle paso a la noche.
Qué brusquedad rompió esa continuidad,
entre la noche trazando el techo,
sosteniéndolo como entre dos nubes
que flotaban en la oscuridad sumergida.
En el comienzo que no anota los nombres,
la llegada de lo diferenciado con campanillas
de acero, con ojos
para la profundidad de las aguas
donde la noche reposaba.
Como en un incendio,
yo quería sacar los recuerdos de la noche,
el tintineo hacia dentro del golpe mate,
como cuando con la palma de la mano

golpeamos la masa de pan.
El sueño volvió a detener a la liebre
que arañaba mis brazos
con palillos de aguarrás.
Riéndose, repartía por mi rostro grandes cicatrices.

Las barbas de un rey

¿Las puertas? Las barbas de un rey gótico
que preside la caída de una piedra.
Atraviesa la puerta, la nieve
en la punta de los dedos escurre
como una mirada que extrae granos de arena.
¿Salimos o entramos? Te aprieto las manos
y nos quedamos adormecidos con saltos y sobresaltos.
¿Salimos? Una playa con un reno
oye en la altura vozarrón de una nube.
¿Entramos? El bosque se retira, la decoración
se aproxima a una fiesta campestre finlandesa.
¿Entramos? Yo tiro de tus brazos.
¿Salimos? Saltan los ojos mortales de un mineral.

Lo que no te nombra

Buscando la tesitura
de una fiesta que no llega,
se presiente por la altura
una diosa que nos pega
al juzgar la criatura.
Borra el pájaro el borrón
y se acerca de rondón
a un montón de breve sombra.
Si es lo que no te nombra
es la estrella que se escombra.

Las siete alegorías

La primera alegoría
es el puerco con los dientes de estrellas,
los dientes vuelan a su cielo de nubes bajas,
el puerco se extasía riendo de su desdoblamiento.
Al lacón, lacónicas preguntas.

A tan capitosa sentencia eructos de aceituna.
La segunda alegoría
es la Diosa Blanca fornicando con un canguro.
Él le da la hincada absoluta,
con gloria y dolor que es la hincada lasciva.
Lo lascivo son los labios
por un cristal en el rocío de la Navidad.
Sin embargo, el inca no era muy voluptuoso.

Después la otra alegoría, la que se apoya.
La Rueda de Rocío.
El ojo se hace tan transparente
que parece que nos quedamos ciegos,
pero la Rueda sigue agrandando el ojo
y el rocío dilata las hojas como orejas de elefantes.

Otro descansillo lo ocupa la tretalegoría.
Brilla cuanto más se reduce,
cuando ya es un punto es la semilla metálica.
Une el resplandor y la lisura de la superficie.
Se reproduce en gotas de resplandor.
Parir una de esas semillas
justifica la pareja.

Pero ese punto que no se ve y brilla
es el fruto del uno indual.
La lluvia cae sobre un casco romano.
La gota resplandor en el cuenco de la lanza de Palas,
muestra la desnudez de su brazo
y con él penetra en las circunvoluciones de Júpiter.
Saltan las aguas sopladas por la gran boca.
De esa boca sale el espíritu que ordena
la sucesión de las olas.
Es la quinta alegoría,
como otra cuerda de la guitarra.
La alegoría del Agua Ígnea.
Un agua salta,
quema las conchas y las raíces.
Tiene de la hoguera y del pez,
pero se detiene y nombra el aire,
llevándolo de choza en choza,
quemando el bosque después de las danzas
que se esconden detrás de cada árbol.
Cada árbol será después una hoguera que habla.
Donde el fuego se retira
salta la primera astilla del mármol.
El Agua Ígnea demuestra que la imagen
existió primero que el hombre,
y que el hombre adquirirá ¿dónde?
el disfraz final del Agua Ígnea.

Teseo trae la luz,
el extante alegórico.
La luz es el primer animal visible de lo invisible.
Es la luz que se manifiesta,
la evidencia como un brazo

que penetra en el pez de la noche.
Oh luz manifestada
que iguala al ojo con el Sol.
Un grupo de encinas
derribadas oculta las prolongaciones
de la luz sobre la repisa fría
con objetos inmutables.
Es lo primero que se manifiesta
y será lo último manifestado.
Teseo frente al monstruo cuadrado
trae la luz evidente
y la manifestada.
Las repisas brillan
y se hunden a los hachazos.

Volvemos a la tetralegoría,
a la Simiente Metálica.
La luz buscando la raíz
de las encinas.
Buscando la resina como un óleo,
tocado por la respiración manifestada
con la luz manifiesta.
La Simiente Metálica buscada por Licario.
Con la luz resinosa,
regalada por la raíz golpeada por el hacha,
comienza el frenesí de las danzas corales.
La ciudad bailando
en el desfile de las antorchas fálicas.

Estoy

Estoy en la primera esquina de la mañana,
miro a todas partes y comprendo que no es la nada
con su abrigo de escarcha.
Es la mañana de las espinas,
me detengo con la respiración entre dos piedras.
Contemplo un hombre saboreando una espina de pescado.
Brillan como la Luna, las espinas, los dientes,
las uñas.
El pescado vuelve a hundirse en el bolsillo hundido.
¿Las espinas del pescado
serán la primera forma en que se hace visible la nada?
¿La espina tocada por la Luna es la nada?

Paso a la otra esquina,
una muchedumbre de ciempiés va brotando en una oficina
destartalada. Las voces se confunden
y llegan al oído como una última ola.
Un gordezuelo se dirige a mi rincón.
No puedo decir si me habla.
La nada se agitaba en mi boca
como un bulto forrado,
como una papilla que crecía
como si quisiera salir por la nariz.
Mascar, el buey de nieblas, la nada.

La esquina se llenó de lluvia.
Descendía el agua por una escalera,
rectificaba sus pisadas.
Comencé a subdividirme con la lluvia.

El buey de nieblas levantaba el farol de la esquina.
La lluvia le prestaba guedejas,
como un rey asirio con su arco de plata.
La lluvia era el pestañeo de la nasa,
reaparecía como el dedo gordo del mago.

En la otra esquina se oyeron
los pitazos de un tren.
El tren penetró en su bolsillo,
era una culebra de madera.
Después el tren se colgó
del farol de la esquina,
tapado con el cuero del buey.

El que traía el acordeón,
como siempre, comenzó a hermanarse
con el farol movido por la lluvia.
Venía disfrazado, emparentado con el buey de nieblas.
La nada como espina de un cuerpo desconocido.
Lo sorprendí, también hundía las espinas
de pescado en los bolsillos hundidos.

Vi

Vi lo que no vi,
pero ¿el ojo?
Precisó.

El silencio mascullaba las hojas,
crecía como un ombligo capitolino,
pero el ombligo y los árboles
estaban en las cloacas silenciosas.
El silencio de las cloacas
después que han engullido el viejo tiburón
que no se ve.
El tiburón que vi pasar por el puente.
La barriga hinchada de la cloaca
es silenciosa como el tiburón.
El tiburón se desliza por la cloaca
como por una boca que lo espera.
El silencio duerme entre la cloaca y el tiburón.

Un niño inmóvil frente al mar
que lo saluda con respetuosa majestad.
No se oye el movimiento de sus piernas.
Flexiona, respira oyendo su sangre.
Pasa un manatí, le habla al oído.
Se lanza después, dando gritos, sobre el mar.

El enano en el aserradero
domina el mediodía.
Lanza con las dos manos aserrín sobre su cabeza.
Envuelto en una hojarasca de oro
comienza a silbar.

El aserrín crece sin sonido.
El tronco no se agota jamás,
pero el enano es milenario
y canta y baila.
Al fin se encuentra un oso
y lo recuesta sobre el árbol.
El enano oye la savia
y cuando desaparece
galopa en el árbol con un arco.
Un topetazo con la plancha de acero
y se vuelve pegajoso como el alquitrán.
La mitad de la noche
pesa más que su silencio.
Un relámpago interpuesto
unificó aquel desfile:
la cloca con sus contracciones,
el tiburón que penetra en los anillos del tabaco,
el niño que canta en la bahía napolitana,
el enano con su serrucho que rebrilla,
el aserrín que nos baña como una cascada,
el oso con sus collares planetarios,
la plancha de acero que camina como un muñecón,
el alquitrán que adhiere al lagarto con el hombre.

Vi lo que no vi,
pero ¿el ojo?
Precisó.

El esperado

Para José Rey de la Torre

Al fin llegó el esperado,
se abrieron las puertas de la casa
y de nuevo se encendieron las luces.
Una sombra ligera había repasado
las paredes, que brillaban como ojos metálicos.
El esperado comprobó cada uno de los secretos
que guardaba la casa mágica
llena de los amigos que fueron llegando
para sentarse en torno de los instrumentos
musicales, lentamente comenzaron a sonar.

La conversación, como un animal caricioso,
se extendía por la humedad criolla de la noche,
mientras las estrellas nos regalaban sus ojos.
Todos volvimos a penetrar en la casa
y los contentos, villancicos para el niño, las vihuelas
de cordaje dorado, las transfiguraciones
del piano en la esquina silenciosa
nos acariciaban el cabello.
Nos tapaban los ojos
y entrábamos en las promesas
de la tierra lejana,
de la confluencia de los ríos
que se amigan en una noche
igual a todas las noches,
porque en aquella casa, el timbre
amistoso convocaba al castillo

en cuyos secretos duerme una doncella
y despierta en la brevedad
de aquellas noches que traía de nuevo el esperado.
Eran breves aquellas noches,
porque cerrábamos los ojos
y los abríamos en la tierra lejana.

Fuimos pasando de nuevo a la casa.
Éramos los reconocidos de siempre.
Nadie había faltado a la cita.
El clavicémbalo con sus agudos de fuego
nos convertía en momentáneas estatuas
y después nos deshacía
en un agua soterada,
haciéndonos reaparecer de nuevo
en la casa mágica.
La casa iluminada
nos prestaba un sencillo vestigio de la eternidad.
Las tazas de café
se habían convertido en joyas alucinadas,
que regaban la casa de gnomos que se
reían al encontrarse con los conocidos de antaño.
Cada día reconocemos la casa
y volvemos a reunirnos de nuevo en ella.
Nada era fantasmal ni borroso,
cada vihuela era reconocida
como el sonido del timbre del amigo que llegaba.

Números trenzados

Números trenzados nube tras nube.
El rehilete que traza círculos
que se borran alrededor de nuestra cabeza,
como cansados planetas
que llevan sus huesos a las arenas.
La reconstrucción de las veladas familiares,
donde el tío ebrio entraba por la puerta hendida,
con viejas zapatillas de giga.
El periódico comienza a arder
y todos cambian de lugar,
intercalan sus piernas con los sombreros
tejanos, el bastón con puño de delfín
es un cohete que divide la noche
en tazas plateadas y en estanques
con gorgueras nadantes, en campanillas
de congelados sonidos como albatros.

Hay un rincón
que se abre como un libro de cetrería
y se cierra como un antifonario
en la medianoche temblequeante.
Sus páginas son la escarcha
que penetra en un paquete sellado.
Sus silenciosos tumultos
son llamas en el agua,
que ven de cerca, día por día,
el reloj coralino
que ensaliva la eternidad.
Una eternidad sucia, confundida,

que da tropezones en la ley matinal
y se reconoce y se come a sus hijos,
como el caballo de la noche
que relincha sin tregua.
Es una bobalicona batalla
en donde todos nos quedamos
dormidos. Y nos van diciendo
quiénes son los vencidos
y los que siembran maíz,
polvos de arroz,
confundidos con la grasa de la mula
en la coronación.

La talanquera mugiendo con las vacas.
Los flautines bucoliastas,
dije de ostras legañudas,
inician el asedio.
El incendio tamboril
desordena el asalto.
En el bostezo, nubes
y números de nubes,
de confín en confín.

Dos familias

Su padre, un «diplomático de carrera»,
como él decía para diferenciarse
del aluvión de disfrazados *politicians*,
cierto que con una clásica displicencia modesta.
Fue al Brasil,
allí donde una nuez es igual que un coco
y la *mortinha* se baña en una playa.
Pensaba sin remisión en los galanteos
de Talleyrand y en las condecoraciones
de Metternich, con bigotes escarchados
y sentado siempre al centro de la mesa.
Allí se casó con una brasileña,
de una familia que había sido protectora del Aleijadinho.
Murió él muy joven y dejó una hija de siete años.
Después el padrastro fue embajador en Suecia,
recordaba ella que había vivido en una casa
toda rodeada de ventanales
donde la nieve resbala muy despacio
atrapando a la mosca verde.

Después estudiaría en un sombrío internado del Sacré-Couer.
Cuando la sorprendieron con un libro de Musset
con discreta sorpresa recibió la noticia de su expulsión.
Y su madre lloraba delante de una monja
inexorable, cubierta con una llameante máscara de hierro.
La «petit Louise» lanzaba sus ojos más allá de la ventana,
donde una abeja rosada vibraba
pesando menos que el aire,
apoyándose en la cabecita de una jirafa

muy lejana, tan lejana que no oía que le preguntaban
por su salud o por sus alfileres.

Pasaron después a Viena,
eran los días del estreno del *Tercer Hombre*
y las alcantarillas estaban musicalizadas por Mozart,
mientras el gato nos reconocía
por los cordones de los zapatos.
La «petit Louise» estudiaba el bachillerato,
desde luego en un colegio
de catorce sílabas racinianas.
Su madre le daba vueltas a los dedos,
se los cortaba con una tijera de plata,
cera blanda se los volvía a poner,
como si fuera a esgrimir el espadín
de la reina del siglo XVIII.
Un médico psiquiatra, joven analista,
no exageradamente remilgado, no muy presuntuoso,
se había enamorado de la muchacha
que se escondía de las sillas
y preguntaba ¿dónde estoy?
Entonces se sintió transparente,
no se podía tocar,
ni miraba sonriéndose la gran puerta rococó del colegio.
Le dijo a su madre
que le diera una escoba para barrer
esa piedra que ella había puesto
al lado de su cama.
Así tuvo la primera visión de la muerte,
un estuche de ébano,
con un estilete secreto.
Sentía frío la muchacha y quería temblar,

pero no podía y el miedo no avanzaba en sus brazos.
Sentía frío y enseñaba los pechos.

Si alguien le decía
a su madre que era brasileña,
le enseñaba sus modelos de Christian Dior
y extremaba sus finales de frase.
Quería pronunciar como una flor de Renoir,
o un desnudo de Manet,
o aquellas músicas de Ravel
que no tenían nada de jazz.
Pero sus ojos eran negros,
como quien mira a una playa
y despertaba cantando
las carnavaladas que de niña
le había oído a su vieja cocinera.
Cuando estaba a solas
y se miraba frente al espejo,
se ponía un gran lazo rojo,
como una mariposa de Pernambuco
posada en sus cabellos.
Se creía más francesa que Madame Du Deffand,
la traductora de Newton,
la amiga de Voltaire.

La «petit Louise» fue a Londres,
sus chimeneas como un dedo dorado,
cortado en trozos apilados.
Los pelirrojos la hacían reír,
como si viera un gato rosado
o una cucharilla de azúcar
que entrase por la nariz.

La delicadeza de Shelley
se había debilitado en muchachos
lánguidos y ágiles como las gacelas.
Allí conoció un autor de teatro,
cubano con seis años de España.
Le mostró a la francesita
la segunda naturaleza, el combate
de los espejos con sus flotas
llenas de banderas y saludos
matinales. Las flotas chocaban
rompiendo el espejo.
Los personajes saltaban de las lunetas
al centro del proscenio,
todos se conocían después del asesinato
de Julio César, pero no se saludaban
para no despertar, dormidos
se daban las manos,
como si las hundieran en una piscina
y comenzaran a nadar.

Él la hizo cubana
y fueron a Pinar del Río
a dormir sobre la blandura
carnal de las hojas de tabaco.
Era una carne universal
que la llevó de nuevo a Francia.
En una excursión al valle pinareño
vio un colibrí muerto de éxtasis.
Su piquillo se hundía en el azucarado polen
y parecía más vivo y coloreado
cuanto más muerto.
Allí aprendió la «petit Louise»

que la muerte es un éxtasis,
que la vida consiste en dormir
envuelta en la carne de las hojas de tabaco,
en la evaporación universal.

El abrazo

Los dos cuerpos
avanzan, después de romper el espejo
intermedio, cada cuerpo reproduce
el que está enfrente, comenzando
a sudar como los espejos.
Saben que hay un momento
en que los pellizcará una sombra,
algo como el rocío, indetenible como el humo.
La respiración desconocida
de lo otro, del cielo que se inclina
y parpadea, se rompe
muy despacio esa cáscara de huevo.

La mano puesta en el hombro de la mujer.
Nace en ellos otro temblor,
el invisible, el intocable, el que está ahí,
grande como la casa, que es otro cuerpo
que contiene y luego se precipita
en un río invisible, intocable.
Las piernas tiemblan, afanosas de llegar
a la tierra descifrada,
están ahora en el cuerpo sellado.
Comienza apoyándose enteramente,
un cuerpo oscuro que penetra
en la otra luz
que se va volviendo oscura
y que es ella ahora la que comienza
a penetrar.
Lo oscuro húmedo que desciende

en nuestro cuerpo.
Tiemblan como la llama
rodeada de un oscilante cuerpo oscuro.
La penetración en lo oscuro,
pero el punto de apoyo es ligeramente incandescente,
después luminoso
como los ojos acabados de nacer,
cuando comienzan su victoriosa aprobación.

La mano no está ya en el otro hombro.
Se establece otro puente
que respaldan los cuerpos penetrantes.
Ya los dos cuerpos desaparecen,
es la gran nebulosa oscura
que apuntala su aspa de molino.
Los dos cuerpos giran
en la rueda de volantes chispas.
Como después de una lenta y larga nadada,
reaparecen los cabellos llenos de tritones.
Miramos hacia atrás separando el oleaje
Y aparece el desierto con alfombras y dátiles.

Los dos cuerpos desaparecen
en un punto que abre su boca.
Lo húmedo, lo blando,
la esponja infinitamente extensiva,
responden en la puerta,
abrillantada con ungüentos
de potros matinales
y luces de faisanes con los ojos apenas recordados.

El dolmen que regala los dones

en la puerta aceitada,
suena silenciosamente su madera vieja.
Los dos cuerpos desaparecen
y se unen en el borde de una nube.
La manta, la lechuza marina,
seca el sudor estrellado
que los cuerpos exhalan en la crucifixión.
El árbol y el falo
no conocen la resurrección,
nacen y decrecen con la media Luna
y el incendio del azufre solar.
Los dos cuerpos ceñidos,
el rabo del canguro
y la serpiente marina,
se enredan y crujen en el casquete boreal.

Un apetito

Un apetito que se queda
en el desmesuramiento de la boca.
Un apetito en el sueño,
del tamaño de todo el cuerpo.
Un apetito que espera la lluvia
y el paso de las hormigas.
La boca infinitamente abierta
y una minúscula medida,
siguiendo la marcha por el desierto
en el sorprendido caracol.
Dos dedos, como dos pinzas,
ponen el caracol sobre la corteza de un árbol.
Allí incrustamos el viejo marfil
de la pulpa de la piña.

El caracol y el humor de la piña
empiezan a mezclarse con la sangre del árbol.
El caracol inundado por el líquido amarillo,
ya está ladeando su barba.
La esponja, sin cansancio aparente,
hunde sus dedos en el amarillo lamprea
y lo resbala por la piedra del caracol.
La copa del árbol
se reduce a la noche del caracol.
Se incrusta también en el árbol
una hormiga dorada.

El árbol prostituido por el rocío
de la boca de la mula,

mostró una oscura muchedumbre
de tetas alfombradas.
Coincidieron allí el caracol,
la hormiga ladeada
y la cáscara de la piña.
En aquella protuberancia
que no quería recordar,
el indio lentamente
inició sus tatuajes como una escaramuza.
Sus flechas eran el rabo del caracol,
su hacha dividía las hormigas,
sus plumas nadaban en el líquido amarillo.
La cáscara de la piña, como los ojos del caracol,
se incrustaba en el humo
que despaciosamente brotaba de sus hombros.
Las pisadas del indio
fueron absorbidas por las raíces
que dormían en la musiquilla del pozo.
Y ya el agua de las profundidades
tenía una cabezota que reía.
Con ella conversaba la lluvia nocturna.
La baba del caracol le hace pensar
en los patinadores perdidos.
Y la soga comiéndose avaramente
la babilla restregada con el dedo
que toca el dado.
El dedo que hace saltar el dado
siguiendo el rastro del caracol,
con el capote de las seis estrellas sureñas
y el diamante cortavidrio.
Se incrustan en el árbol
y suben como una serpiente

que se verticaliza,
para abrir desmesuradamente la boca.
La lengua llena de polimitas,
de corales que sangran con lentitud,
salta al tropezar con el verde del apio.
La hormiga mira en la punta de la lengua,
descubre el violeta del septentrión
y se esconde detrás de la campanilla de vidrio.
La lengua se incrusta en la corteza
raspada por el cuchillo de Marduk,
que separó el cielo de la tierra.

Venían corriendo del río
y se escondían en la casa
que temblaba en lo alto del árbol.
¿Qué murmuraban en aquel escondite?
¿Cómo restregaban sus espaldas
en la clorofila que abominaba
el antiguo círculo de la sangre?
Fueron colocando la hormiga
en la hoja y se quedaba dormida.
Fueron resbalando el caracol
por las raíces y se deshacía en arena.
Fueron uniendo las cáscaras de piña
para formar las espaldas de un hombre.
La guardarropía temblaba como el árbol,
las máscaras fruncían sus frentes
al extraer sus nuevos cuerpos,
que comenzaban por dar tropezones con las raíces
mascadas por el frío de las hormigas.
Saludamos entonces con el tricornio del caracol.

Universalidad del roce

La universalidad del roce,
del frotamiento, del coito de la lluvia
y sus menudas preguntas sobre la tierra.
¡Qué engendros para una nueva raza!
¡Qué nueva descendencia del hombre y de la piedra!
Una caja de fósforos esparcida
sobre los cabellos que comienzan
agitándose como fragmentos que se unen
en un gusano lleno de plumillas.
La tijera cortando las aspas del ventilador
y el marco de una ventana que se cae
sobre un jarro de leche.
El anverso y el reverso
en el borde de la hoja.
Acaricio el nuevo monstruo,
después, ya me acostumbro,
y lo veo caminar
hacia el oeste del abismo con pinares.
Entrechocado,
frotándose los pies
con la llave maestra del patio secreto
que asciende en el elevador.
Precipitándose sobre una cascada congelada
la rotación convertida en un coito universal,
de la abeja con la respiración,
del sombrero con los siete anillos de Saturno.
¿Qué hijos darían que siguiesen
conversando cuando sopla la lluvia?
El gato copulando con la marta

no pare un gato
de piel shakeaspeariana y estrellada,
ni una marta de ojos fosforescentes.
Engendran el gato volante.

Esperar la ausencia

Estar en la noche
esperando una visita,
o no esperando nada
y ver cómo el sillón lentamente
va avanzando hasta alejarse de la lámpara.
Sentirse más adherido a la madera
mientras el movimiento del sillón
va inquietando los huesos escondidos,
como si quisiéramos que no fueran vistos
por aquellos que van a llegar.
Los cigarros van reemplazando
los ojos de los que no van a llegar.
Colocamos el pañuelo
sobre el cenicero para que no se vea
el fondo de su cristal,
los dientes de sus bordes,
los colores que imitan sus dedos
sacudiendo la ausencia y la presencia
en las entrañas que van a ser sopladas.
La visita o la nada
cubiertas por el pañuelo,
como el llegar de la lluvia
para oídos lejanos,
saltan del cenicero,
preparando la eternidad
de sus pisadas o se organizan
inclinándose sobre un montón de hojas
que chisporrotean sobre el jarrón
de la abuela,
huyendo del cenicero.

Cabra y querube

Truhán espadachín la sensación
araña la perdiz en remolino,
quejándose en sentencia o desatino
de las opuestas leyes del turbión.
Vuela flor o mariposa prefijada
irrumpe en halconero encaramada.

El aire que no despeina en el espejo
ya no está en la flauta en su perplejo,
no es devuelto ni tocado, la carmañola
ha dictado la envoltura de la ola.
Bailando el bonete en la hostería estalla
del delfín champanizando la batalla.

La unidad de la manzana, pero el gallo
es también una manzana, el tigre o el rayo
tienen el círculo, cornos y serpientes
en medidos sobresaltos correspondientes
al pez mascando silencioso una nube
o la estrella en el mar desconociendo donde sube,
si es cielo o roca marina, si desnuda
se metamorfosea en la cabra más lanuda
o en los sonsos fondillos de un querube.

Una batalla china

Separados por la colina ondulante
dos ejércitos enmascarados
lanzan interminables aleluyas de combate.
El jefe, en su tienda de campaña,
interpreta las ancestrales furias de su pueblo.
El otro, fijándose en la línea del río,
ve su sombra en otro cuerpo, desconociéndose.
Las músicas creciendo con la sangre
precipitan la marcha hacia la muerte.
Los dos ejércitos, como envueltos por las nubes,
se adormecen borrando los escarceos temporales.
Los dos jefes se han quedado como petrificados.
Después cuentan las sombras que huyeron del cuerpo,
cuentan los cuerpos que huyeron por el río.
Uno de los ejércitos logró mantener
unida su sombra con su cuerpo,
su cuerpo con la fugacidad del río.
El otro fue vencido por un inmenso desierto somnoliento.
Su jefe rinde su espada con orgullo.

Consejos del ciclón

Cuando el negro come melocotón
tiene los ojos azules.
¿En dónde encontrar sentido?
El ciclón es un ojo con alas.

Cuando el jubón se mancha
de hielo frapé
la cara se llena de arrugas.
¿En dónde encontrar sentido?

Cuando la banderola se alza
en sentido contrario a las agujas
de un reloj, torcemos el rostro.
El ciclón es un ojo con alas.

Cuando el negro come melocotón
toca el violín a medianoche.
El ciclón le da un ojo a su ventana.
¿En dónde encontrar sentido?

Cuando soñamos un conejo
la nieve humea gotas de sangre,
la cabaña rueda por la ladera.
El ciclón es un ojo con alas.

Nacimiento del día

Su casa era el espacio de la mañana,
la geometrización era impía.
Insertar una casa en un círculo
era suprimirle la visión del río.
El cuadrado era la casa de la ausencia o de la muerte.
Iluminaban las grutas comiéndose una fruta
amarilla, con mironas escamas
y pequeñas espaldas de hiriente
color arenoso, se volvían sobre el libro
secreto y recibían las aguas ciegas.
No les llegó
la vida vecinera o la irreconocible ausencia.
La bestia se amigaba con el fuego desconocido.
No caminaban hacia el río o norte,
despreciaban la esbelta hoguera meridional.
No miraban los dioses ese mantel claveteado,
el airecillo no venía a jugar en sus piernas.
Primero desaparecer, después meterlos en la tierra,
enterrar el aire insostenible,
la posible llamarada de la supresión de los sentidos.
El calor tendía a comerse la luz,
a evaporar la sonrisa de los dioses,
el furor de las hachas en el puente.
El cuerpo ceñido por un hilo,
marcaba la total diferencia,
no los entrantes y salientes del clavo oscuro.
Era el mismo cuerpo el que iba
a unirse con el alto aire de las torres.
Torres incomparables, humareda universal,

el cuerpo subiendo hasta perderse,
comido por las nubes como pájaro.
El miraje de aquellas tierras altas
reproduce los techos de nieve, la melodía
del pez en la cascada.
La quietud del buen trabajo de la tierra
se reproduce más allá de las torres imantadas.
Todo tiende a entreabrir sus ojos
en el empíreo del destierro.
Podían decir volver, no resucitar,
no se sumergían en la tierra dividida.
El cuerpo se escondía en la casa de las imágenes
y luego reaparecía idéntico y semejante
a un fragmento estelar, volvía.
Su ocultamiento había agrandado
su armonía con el humo universal.
Se incorporaban la uña de su anterior
pertenencia, el helado cuerno de lunar.
La caballería iba reconociendo, era el desfile
de la cordillera, los gigantes silenciosos en su nieve.
Por allí pasaba opulenta la mujer
del Sol, cada poro lleno de nuevas
conchas que saltaban, se bañaba
en una festiva agua de arco iris.
Las mujeres del Sol calentando los ríos,
la espalda de los ríos llenos de pelusillas,
la hormiga que solamente
era un ojo, un ojo colosal,
como una piedra que ve
de nuevo sus recuerdos crecer y andar.
Es diario ese ejercicio,
el cuerpo atado a la gran hacha,

el sueño liberaba la atadura.
Cada cuerpo y cada sueño
mandaban los fragmentos del humo universal
a la oscilante casa de la nieve.
Las manos reemplazaban la escritura,
tocan la fruta, la acometida de la espalda,
llevan la mano a la extensión pensante de la piel,
detener la flecha de la entraña del pez.
Las manos con el innumerable antifaz de los ojos,
así tocar un árbol era contemplar
impasible el milenario estelar.
Venus corriendo a la Luna entrelazada,
lo intermedio y apagado se cuelga
como un ojo trapecio del Eros estelar.
Venus rotando en su cubeta de agua,
Baco llameando gritándole al aceite
y las langostas saltando de la esperma.
La Luna con su cántaro en el pecho de Venus,
avinagrando el aguijón de Tauro.
Allí la mujer blanquísima
no cuidaba del fuego, por la mañana
toda la casa le abría sus puertas al Sol.
Donde hervía el caldo de la vida
el toro orinaba las constelaciones
y su cuerpo era repasado por las vírgenes.
Pero quedaba un corredor oscuro, la pareja
siempre con los brazos cruzados,
pero esperando la nueva especie
más allá del fuego, una hormiga
totalmente azul y dorada
destrenzaba graciosamente su cabellera planetaria,
siguiendo el remolino con la guitarra sobre el caballo.

Frente al Sol un tejido,
tejer la carne del caracol,
como quien dobla un cántaro
entrelazar los hilos.
El Sol como una araña
y las vírgenes prolongadoras de su tela.
En la casa cerrada reconstruyen
el Sol por un hilo,
un hilo entre las manos
y entre los dos oídos.
Un hilo, una cuerda donde el hombre salta.
¿Qué cuerpo van a vestir?
Las telas se aglomeraban frente al Sol,
las oraciones son los hilos
y el tejido es la aparición de la luz.
El hilo es el aviso o la campana del fantasma.
Alguien tenía que salir de la casa de la nieve
o de las murallas del Sol.
Los pasos van formando un cuerpo
y el cuerpo salta del tejado a la nube.
Ya es un espíritu del lago,
ya es el Conde de Niebla
y le llega el rayo de la escritura,
con la platabanda mexicana y la guinea de Borneo.
La *hybris* del metal y el ave
forman un perfil irreprochable.
Pero allí surgió la maldición de la culpa.
Toda comunicación con el padre
se hace más allá del tejado,
asciende y desciende como el mercurio.
Todo hilo del papalote fantasmal
quiere ascender hasta el padre,

saltando en la cuerda entre los dos oídos.
El zumbido tensa la cuerda del padre.
El padre sufre la maldición y la ve
en el hijo irascible que golpea,
hasta que el hijo deposita los huesos
secretos en el padre, la traza de los enemigos,
y que él tan solo sufrirá el riesgo del combate.
La alharaca por todas partes de la fruta que revienta,
las chirimías con las plumas mojadas por la saliva del gallo
los sones dilatados hasta trasladar las piedras.
Lo que envía el Sol tiene siempre un nombre,
las mismas sílabas lo atraen.
El aire se organiza en conjuro,
en innumerables llaves de órgano.
El mismo cuerpo y la misma voz
reaparecen y engañan en la diversidad.
Cuando el Sol toca las piedras,
un cuerpo resucita y dicta en la montaña.
El brazalete con el tizón coloreado
giraba sus planetas alrededor del brazo.
La copa mágica para parir el fuego,
sus facetas terminaban en el ojo de la rotación.
Las caras de la copa impulsan las burbujas,
las vejigas respirantes después del fuego en el buey.
Los caminos se abrieron cariñosos a las piedras,
trepaban por los brazos, se escondían en el sudor,
adquirían soterradas metamorfosis.
Crótalos blandos, holoturias
y después enteros a sus cuerpos de piedra.
La piedra se borraba en el río,
para adquirir su nuevo cuerpo transparente.
El cuerpo aligerado por la luz

y clavado frente a los gigantes de la nieve.
La piedra enrollando la luz
y después entreabriendo la palmera de la imagen.
Sus dátiles de contrapunteada aproximación,
llenos de las graciosas contracciones del río,
el procesional de los brazos en los cántaros,
de los brazos en los brazos en los brazos.
La obsesión de transportar los montes,
reliquias de la calcinación planetaria,
de acariciar la anterior imagen sin el ojo,
el que penetra la superficie interna desolada.
La cal se rendía al barro que reanima,
la cal y la arena enemistadas,
la arena para el caliente pie rosado
de los griegos y la crepuscular
romana sandalia de cuarzo decadente;
la cal para resguardar los huesos
y empollar los huevos la serpiente.
La sal aviva el fuego,
pero no come con baba rastrera
a ras de tierra sumergida, cayendo
con un vaivén voluptuoso y charolado.
Muerde la maldición sobre la tierra,
pero la sal trae el sabor de la sabiduría
y la amenaza replegada de la danza.
Lo que ella engendra pierde el nombre,
aunque se apoya en el lingual ofrecimiento oscuro
y la bóveda se tachona de fragmentos.
El faisán es el fin de la metamorfosis
y entonces comenzamos a reír,
pues sabemos que hay un gran engaño
que precede y que termina, y que con lo bello

se pretende cegar por un instante,
para que el dios dorado ocupe toda la gruta.
El otorgamiento es la medida del secuestro,
aquello que fue como un regalo de la melodía,
fue como una suspensión en medianoche.
Parecía venido a darnos los abrazos
y nos aplastó con la gran caja de aire.
Con dar ojos y conciencia
a los corpúsculos de la luz, sin apoyarnos
en el terco sustentáculo de la muerte,
hubiéramos sido alegres sin saberlo,
respirantes sin ser y sin estar.
Brisas del noroeste, acompasad vuestra llegada,
despertadnos sin ruidosas sorpresas,
que el sucesivo oleaje toque nuestras piernas
y nos vaya diciendo lentamente la embriaguez misteriosa.
Dadnos el secreto, brisas de la mañana
que comienza, de la noche que nos libera
en el océano estelar, donde ya somos peces.
Brisas que comienzan a unir lo invisible
y a separar los desterrados fragmentos
homogéneos, las piedras piramidales,
la diorita mortecina con sus húmedos huesos.
Brisas que en el sueño nos dais otro cuerpo
que ha podido asimilar las ambrosías prohibidas
y retornar solemne al mar que lo acompasa.
Brisas que tenéis el secreto de los dos oleajes,
el escalofrío del rocío en la piel de la anémona
y el desprendimiento del cuerpo de otro cuerpo clavado.

Los dioses

Vasavadatta siente
todas sus oquedades atravesadas por flechas.
Los ojos levantan una incandescencia,
reduciéndose a un punto donde los cuerpos
adquieren el total vigor de su presencia
y una incesante evaporación.
La nariz, acelerada por el calor del metal,
invenciona nuevas obras,
más fragantes que el amarillo oloroso
del melón de miel, y ya sin evaporación,
toda conversación entre el hombre
y lo que está dentro de las murallas
se borra, como sumergido en un agua desconocida.
Amigo del pez,
y no del hombre ni de los árboles.
La boca masticando y lamiendo
el metal trocado en una piedra inextinguible.
Vasavadatta es ya Sarasvatti,
nuevas maneras y estilos.
Comienza a hablar, se burla,
pero entre las palabras
se interponen caravanas de nubes,
animales anteriores a la cultura,
frisos manchados por los murciélagos.
Enano mentiroso, enano mentiroso,
enano mentiroso.
Una flecha atraviesa el oscuro de la boca,
otra pega los labios como el alquitrán.
Le dan una nalgada

y se precipita gruñendo en una cueva.
Ahora es un antruejo bailando
ante la Luna que le corta el cuello.
El unicornio, con dos jinetes,
comienza a lamer las flechas.
Van a la nieve de la extensión,
a la invariable línea del horizonte.
Regresa el unicornio, los jinetes
se perdieron al contemplar
las flechas cubriendo los ojos,
la boca y los labios balbuceando
el aislamiento de las letras,
sin ser pesadas por la boca,
ni derretidas por los labios.
Los jinetes regresaron con un nuevo lenguaje,
tardaron demasiado tiempo
en ser interpretados
y huyeron de nuevo.
Desaparecían y ceñían
la novísima discontinuidad
del tiempo, roto el sueño
de la sucesión numérica.

Las flechas curvándose
en las colinas del oído,
convierten el mar en la «estéril llanura»
de los antiguos, las algas salitreras
se retraen del alejamiento de las aguas.
El desierto, en la muerte del sonido,
ofrece la infinitud de las playas.
La totalidad del cuerpo azul,
recibiendo la furia de la luz

en sus detalles, la ayudamos
con nuestro cuerpo a depositar
la fuerza oscura que se desdobla
en el yo unidad en la luz
y la diversidad de la lluvia y los sentidos.
Van regresando los dos jinetes,
el unicornio suelta su sombra
para no ser tocado por la palmera
del diablo, los otros duermen
y comienzan a arder con lentitud sigilosa,
vigilando las langostas
que vuelan sobre sus huesos.
Muerden sus ancas, qué rabia
para el unicornio cuando se siente
igualado con las ranas.
El unicornio, con mariposas en la oreja y en el trenzado
rabo alfileres de la plata martillada,
regresa con el príncipe.
¿Quién es? ¿Cómo desaparece?
Lo otro es la muerte y la inmortalidad.
Si la muerte es una sombra,
la inmortalidad es una sombra
que brota incesantemente del cuerpo.
Aquel que mensura el aire,
puede vivir en la muerte y morir en la inmortalidad.
«¿A qué pues me haréis semejante,
dice Isaías, o seré asimilado?»
El espejo con su silencioso remolino
central de agua manoteada,
une de nuevo las imágenes con sus cuerpos.
Es la primera respuesta temblorosa.
¿De dónde vino el espejo,

ese aerolito lanzado por el hombre?
¿Cómo el cristal que interrumpe el aire
sin mancillarlo, se oscureció en su fondo
deteniendo la imagen?
Allí avanzando, nada se detiene,
solo la nada se mece fijamente.

Así, los fragmentos oscuros
buscan su incandescencia, esperando
la llegada espiraloide de una fuerza
que los remacha como un astro en el espacio.
La espera se hace tan creadora
como el vencimiento de la distancia.
El espacio se contrae para parir,
descrear engendra también la sucesión oscura.
El agua que lanzamos por nuestra fuente,
la saliva que evapora hormigas blancas,
el azufre de los alquimistas,
todos se enmascaran con la ausencia.
El fuego asomó su cara
destruida y reapareciendo
con un chasquido en la piedra carbón.
Entonces el rebelado
inició el aquelarre inmóvil de la hoguera.
Curvó los metales,
quemó la tierra con esmaltes.
Fue también panadero y cocinero.
El libro de su victoria
tiene las hojas calcinadas
para que nadie conozca
el secreto de la humillación final
sino el aullido de la desolación,

las circulares aves del destierro,
la ciega paciencia de la muerte.
Hylas, la belleza, al lado de Hércules,
el que le mató a su padre.
Lo débil como una sierpe
penetrando en el gemido del fuerte,
gimiendo por la ausencia.
El humo que se destrozó en el crepúsculo
al apuntalar los tejados escalonados,
cómo reaparecerá.
Los pasos que se borraron,
qué nuevas arenas volverán a pisar.
Los rostros que penetraban en nuestro cuerpo,
dónde asoman el pinchazo de su sonrisa.
En alguna isla se pasean,
muestran en sus brazos nuevos faisanes,
el rostro en la metamorfosis del humo,
el humo congelándose en un rostro.

No me pregunto ya a mí mismo,
pudiera ser que ya no me interesase,
ni a las plantas ni animales cabeceantes
sino a los espacios de ojos calcinados,
a todo lo que nos rodea con su silencio,
al aire que llena el espacio
de puntos inasibles que sostienen como columnas
los grandes templos donde los dioses ordenan
silenciosos a los dormidos, sin romper la noche.
El aire que nos hace salir y entrar
en el espacio, invencionando nuestro cuerpo
con el misterio de la cantidad de astros
y la extensión vacía.

Qué alegría, qué alegría,
qué majestuosa tristeza esa unión
de la respiración misteriosa,
entre la transparencia que se recibe
y la exhalación de las entrañas
que se devuelve.
Ésa es nuestra morada:
la pureza que se recibe
y la siniestra semilla que se hunde.
Después de las estridentes canciones báquicas,
su voz le fue arrancada por los gnomos,
arrancándole la lengua con sus barbas
y tiraban y tiraban apoyados en los árboles.
Una segunda voz,
desconocida como la noche que se aleja,
fue brotando de la misma raíz.
Sentado en el sillón de Agamenón,
con la nueva voz
que iba penetrando cada día por sus poros,
representaba con una máscara de ágata
en el proscenio de la selva interrumpida
por los zancos que robaban los racimos
y manchaban la nueva voz
con la nueva sangre que robaban.
La suprema esencia, como un dios,
está escondida, no necesita como la semilla
destruirse para reaparecer
en la mañana del trigo danzante
con la perdiz y el violoncelo.
Un Giorgione y puede ser un Chardin.
Los músicos extendiéndose en la yerba
y los músicos ciegos

esperan el sueño y el sonido totalmente los abraza.
Las esencias que no existen, inapresables,
están en las semillas que se pudren para reaparecer.
Las máscaras danzando un curvado arco iris,
modulan sonidos como estatuas yacentes.
Enano mentiroso, enano mentiroso,
enano mentiroso.
Los dioses se acercaban vestidos de seda,
por eso pudimos reconocerlos.
No se presentaban desnudos
ni tapados por el fuego,
mirando el rodar de las nubes.
Escogían la seda
elaborada por los avisos del hombre
¿cómo se apoderaban de ella?
Por el día, en su invisibilidad,
por los excesos comestibles de la luz,
la robaban; en la noche,
en su espesura, la medían
con su cuerpo oculto por el fuego.
Sus cabellos de gorgona etrusca,
estaban atravesados por alfileres
de carey transparente y espesa plata,
por eso pudimos acariciarlos
y rendirles las rodillas.
En el sueño habitábamos la misma pradera.
En la extensión oíamos el latido de sus sienes,
como nosotros cuando nos adentramos
en los arenales de la almohada
y extendemos las manos
como queriendo que alguien las apriete
y saltan al espacio

frente al proyector que sigue nuestro cuerpo.
Despertamos y nos abren las manos
en un banco de arena.
Los dioses empiezan a salir del mar,
alazan sus caracolas retorcidas,
ladean sus colas verdinegras
donde un delfín brinca y estornuda.

¿Y mi cuerpo?

Me acerco
y no veo ninguna ventana.
Ni aproximación ni cerrazón,
ni el ojo que se extiende,
ni la pared que lo detiene.
Me alejo
y no siento lo que me persigue.
Mi sombra
es la sombra de un saco de harina.
No viene a abrazarse con mi cuerpo
ni logro quitármela como una capota.
La noche está partida por una lanza,
que no viene a buscar mi costado.
Ningún perro esmalta
el farol sudoroso.
La lanza solo me indica
las órdenes de la Luna
haciendo detener la marea.
Es la triada del colchón,
la marea y la noche.
Siento que nado dormido
dentro de un tonel de vino.
Nado con las dos manos amarradas.

Fabulilla de Dánae

El omnipotente dios de la semilla
escondido entre la tierra
puede ascender la lluvia
y penetrar por las puertas más cerradas.
El oráculo anuncia, pero no pudo
servir de escudo, habla
desde las cuatro ventanas de la torre.
Los perros guardianes lamen
las puertas de bronce, arrancan
las tachuelas que como ojos
avisan el amante y su sorpresa.
Júpiter llega con la lluvia
y dilata el vientre de Dánae.
Su presencia está en la lluvia
que barre las baldosas del palacio
y muestra la avidez de la semilla.
Todos los ojos de Argos fueron burlados.
Por eso en un lluvioso paseo matinal,
podemos ver en una plaza de Florencia
el gracioso Perseo,
hijo de Júpiter oculto en una gota.

Mañana sábado

Leyendo La Bruja*, de Michelet*

Con velocidad suma
hacia el cesto,
en parábola de pluma.
Compran trapos y papeles,
rompen los percales de las abuelas
para abultarse el vientre
y que las vean como si desfilasen
preñadas en el *bairán* de un día del año,
en el que todas las cosas y sus sombras
tienen el asentimiento.
Quieren ser vistas como preñadas
y conservar la virginidad.
En el ramadán se santificarán con la preñez.

Los pajecillos quieren invocar
al diablo, dicen su nombre y se curvan.
El Maligno no les hace caso
vigila lo que pasa en la plaza,
la ancestral llegada de Margarita.
Los pajes colocan escorpiones
en la punta de sus zapatos.
El cuerpo se les agrieta y arden
cuando sus sombras los muerden.

De pronto una garganta juvenil
mostró el camafeo de ónix de la abuela.
Las figuras estaban borrosas

como si lloviesen sobre el camafeo
colores rotos y colores que se rehacen.
El anticuario, con dudosos
pasos del siglo XVIII,
deslizó en su mano invisible
una lupa con contornos de plata.
En la miniatura
se veían figuras apoyadas, afeminadas.
El anticuario comenzó a bailar un rigodón.
La cajita de música dio
la hora de acostarse.
Y todos volvieron
a ahorcarse en su tenebroso
escaparate de palisandro.

Llega el sábado y el diablo
está ya preparado para presidir.
Una carcajada coral,
y él añade su diseñada sonrisa.
El diablo de otro chivo negro
le ha prestado sus cuernos,
que lanzan chispas rotas
de un metal herrumbroso.
Tiene dos máscaras inmóviles,
una le cubre el rostro,
otra le cubre el trasero.

Los conjurados en la noche del Sabbat
pueden besar la máscara
que más reclama la otra sangre
amigada con la noche y la nada.
La máscara del trasero

se ha afinado como la cáscara
de un cebolla podrida.
Ha sido tan besada que los insectos
no encuentran dónde hundir su ponzoña.

Sigue la fiesta del sábado,
comienza la rueda giratoria
donde se danza hasta desconocerse.
Espalda con espalda
y los brazos ceñidos como culebras.
Los cuerpos ya no se veían,
un polvo de tempestad
le tapaba los ojos con ungüentos babosos.
Las viejas se creían efebos.
Los efebos metamorfoseados en ángeles
preparaban la caída.

Llegó a su casa
y encontró al gato rengueante y hambriento.
Comenzó a lanzarle
tarjetas con disculpas de visitas.
El gato comenzó a escupir
fuego por la boca, preguntaba por qué
no lo habían llevado a la fiesta.
Más respeto conmigo, dijo,
relamiéndose el fuego:
Soy el lugarteniente de los participios.
Saltó sobre su brazo,
el brazo desapareció con dos cuernos,
el que guardaba las máscaras
para el próximo sábado.

Con velocidad suma
hacia el cesto
en parábola de pluma.

La escalera y la hormiga

En la medianoche
la hormiga desciende por la escalera del hotel.
Intenta seguir la prolongación de una línea recta.
Se detiene a veces ¿qué laberintos resolverá?
Pero cada escalón la detiene
de una manera que sorprende.
Recorre el peldaño como buscando
el bulto que su espalda necesita,
después se precipita como cantando.
Está desprovista de todo compromiso,
pero de pronto encuentra un pedazo de ala
y corre para llegar a la casilla que desconocemos.
Se regodea en cada escalón
y después desciende oronda al otro
y corre como si estuviera en una playa.
Tiene la alegría
de ser la dominadora de la escalera.
Sabe que su finalidad será lograda.
El zapato que puede mancillar
pasa muy cerca, pero le deja
un pedazo de hoja de tabaco,
un pétalo aburrido,
la sal que le calienta los ojos dominantes.
Señorea la escalera
y ha paseado cada peldaño
con la elegancia de una dama inglesa
que lleva la basura hasta la esquina,
a un latón verde
con la corona inglesa
raspada por los dos leopardos.

Lo inaudible

Es inaudible,
no podremos saber si las hojas
se acumulan y suenan al encaramarse
la mirona lagartija sobre la hoja.
Nos roza la frente
y creemos que es un pañuelo
que nos está tapando los ojos.
El oro caminaba
después hacia la hoja
y la hoja iba hacia la casa
vacía del otoño, donde lo inaudible
se abrazaba con lo invisible
en un silencioso gesto de júbilo.
Lo inaudible
gustaba del vuelo de las hojas,
reposaba entre el árbol inmóvil
y el río de móvil memoria.
Mientras lo inaudible lograba
su reino, la casa oscilaba,
pero su interior permanecía intocable.
De pronto, una chispa
se unió a lo inaudible
y comenzó a arder escondido
debajo del sonido facetado del espejo.
La casa recuperó su movilidad
y comenzó de nuevo a navegar.

María Zambrano

María se nos ha hecho tan transparente
que la vemos al mismo tiempo
en Suiza, en Roma o en La Habana.
Acompañada de Araceli
no le teme al fuego ni al hielo.
Tiene los gatos frígidos
y los gatos térmicos,
aquellos fantasmas elásticos de Baudelaire
la miran tan despaciosamente
que María temerosa comienza a escribir.
La he oído conversar desde Platón hasta Husserl
en días alternos y opuestos por el vértice,
y terminar cantando un corrido mexicano.
Las olitas jónicas del Mediterráneo,
los gatos que utilizan la palabra *como*,
que según los egipcios unía todas las cosas
como una metáfora inmutable,
le hablaban al oído
mientras Araceli trazaba un círculo mágico
con doce gatos zodiacales,
y cada uno esperaba su momento
para salmodiar El libro de los muertos.
María es ya para mí
como una sibila
a la cual tenuemente nos acercamos,
creyendo oír el centro de la tierra
y el cielo de empíreo,
que está más allá del cielo visible.
Vivirla, sentirla llegar como una nube,

es como tomar una copa de vino
y hundirnos en su légamo.
Ella todavía puede despedirse
abrazada con Araceli,
pero siempre retorna como una luz temblorosa.

Serpiente y pañuelo

La serpiente
buscó un pañuelo
para ofrecer un cuadrado
tan tenso como sus anillos.
Los anillos se extendían como el metal
y el pañuelo cubría la mesa de noche.
¿Era una serpiente o un cono?
¿Era un pañuelo o una superficie
simplemente lisa,
pintada de blanco?
Empecé a golpear el pañuelo
con la serpiente.
Y se iban desprendiendo ojos,
escamas, anillos que temblaban
como carne de tortuga.
Empecé a comprender
el parentesco entre la serpiente
y el pañuelo con las puntas dobladas.
Guardaba un secreto
contra el cual silbaba y mordía la serpiente.
Se adormeció en el pañuelo.
El pañuelo guardaba la serpiente,
pero todo respiraba
por debajo de la tierra.
Era ya el límite que no ondula,
y el pañuelo y la serpiente
comenzaban a zarandearse.

Sobre un grabado de alquimia china

Debajo de la mesa
se ven como tres puertas
de pequeños hornos,
donde se ven piedras y varas ardiendo,
por donde asoma el enano
que masca semillas para el sueño.
Encima de la mesa
se ven tres cojines grises y azules,
en dos de ellos hay como figuras geométricas
hechas con huevos irrompibles.
Al lado un jarrón sin ornamento.
Pedazos de leña por el suelo.
Un hombre curvado con una balanza
pesa una cesta de almendras.
La varilla de ébano
alcanza de inmediato el fiel.
El hombre que vende
teme a los tres pequeños hornos
que se esconden debajo de la mesa.
Por allí deben salir
las figuras esperadas
que vendrán cuando el pesador
logre el centro de la canasta.
A su derecha el hombre que contempla
absorto al pesador,
juega con unos pájaros.

La caja

Vive en una pequeña caja de acero
con una mirilla que él solo sabe utilizar.
Aunque nunca recibe a nadie,
pasea todos los días con el mismo chaleco.
Por las noches hace su recorrido
y pierde su identidad.
Se diluye en la noche
y la noche lo despedaza silenciosamente.
De pronto, tropieza con un dolmen
lleno de clavos de olor,
se hiere los pies con una botella rota
rellena de un eléctrico papel de oro,
le da la mano a una persona desconocida
que le hace un regalo impenetrable,
duro como una madera que ha estado
muchos siglos bajo el agua.
Tropieza con una multitud
que escandaliza su nombre,
aunque él apenas lo oye.
Su camino parece estar trazado
por una oruga que sube por una escalera.
Penetra en un café sucio
y una muchacha se le acerca con zalemas
y después empieza a pellizcarlo
y a clavarle alfileres
que él se sacude como si fuese
polvo solar.
Masca un caramelo
y comienza a volar.

Lee un rato en una azotea
llena de camas vacías.
Su chaleco escocés
brilla como las estrellas
y se va deshilachando mientras
le cae la ceniza por la cara.
Vive en una pequeña caja de acero
y por la noche se asoma a la mirilla,
pero solo ve su chaleco reproducido
por el ojo paleolítico del elefante.

Vieja balada surrealista

Cuando el riachuelo se llena de coletazos
de serpiente y el piano vuelto de espaldas
enseña sus zapatos que brillan como la noche
cuando se hunde como un sillón desfondado
aunque sus mimbres viejos son juguetes del niño cabezón.
A resguardo de tajada de melón violín
los bailarines se dan cabezazos y sudan aserrín
y la medianoche se aburre
como un tablero de ajedrez reclinado en la pizarra.
No pensaba ir, pero me faltaba el llavero
el candado enorme el perro que siempre me sigue
hasta que se despide lamiendo una pantorrilla.
El violín como un brazo lleno de ranas
comenzó a lanzar gotas de miel evaporada.
La canoa del jefe pasaba por el lago de cristal
cuando sonaron las dos de la madrugada
y los que se despertaban bailaban con los que se dormían.
Ya llegó la esperada y yo me escondí
con hipocresía detrás de una infantil caja de lápices
que me prestaron sus dedos amarillos
y los fragmentos del acordeón como una toronja almibarada.
Lágrimas que yo guardaba como migajas de pan
para lanzarlas en la piscina de los caimanes amanerados.
Cuando comenzaba a inflarse el buñuelo
el charol chilló definitivamente
y la canoa del jefe estaba llena de pedacitos de cristal.

El ojo que no quiere ver

El ojo que no quiere ver minucioso,
se entretiene con un pajarraco
que muerde una guanábana deforme.
Los dos pequeños monstruos se divierten.

Pero está mezclado a la pequeña broma
el ojo que vuela como un blanco absoluto
picado por una abeja. Cuando se retira
el ojo se extiende por la frente.

Cuando pregunto por la fruta,
muy levantado, de madrugada, la pregunta
la molesta hasta el manotazo
y hasta esconderse en la ceniza de la hornilla.

¿Para qué preguntar por las inflamaciones?
¿Para qué esconderse en los pedazos de la noche?
Si por cada pregunta desbaratada
el rascacielo se inclina como una maqueta de cartón.

Su pico reluce como una botella vacía.
El pájaro aterido se regodea en su muerte.
De pronto, unas campanadas de querubines
rompían el humo como un estallido

que no se oye, lo oprimía un carretón,
un carretón de nubes, una escenografía,
que va cayendo en el incendio,
mientras las espadas y los lunares rodean las lámparas.

Como el ancla mayor se rodea
de pequeños peces, las adherencias
mordían la espalda doblándola
sobre el borde de una carta escarchada.

Allí iban los búcaros, los edredones
de una tarde que saltaba sus contornos,
que se hacía ancha como un hacha
cuando decapita el bisonte, carne

que no quiere el regimiento, apostado
entre dos ríos, el de las carcajadas irremediables
y el que se sonríe como un pañuelo
entre dos manos apoyadas en el candelabro

morado. Los colores se fijaban en las berzas
puestas aparte en el jardín, como la pianola
desaparecía, y el alfil perdura en su caminar
de lado, regalando deprisa una jaula de pájaros.

Grandes grupos desaparecían oyendo el guitarreo.
Corrían, se detenían, impulsados por la flauta
huracanada, un viento que era una gran
pechuga deshilacha las mochilas

llenas de maíz sembrándolos, poniendo un pie
arriba, desfigurándoles el rostro,
para que la mazorca parezca un disfraz
y el amarillo la domesticación del relámpago.

El envoltorio de periódicos se escondía en el buche

de una tortuga, con temperatura que lentamente
estremecía. Era un ejército de tortugas
tripuladas por condecorados viajeros sin piernas.

El envoltorio se deshizo en una transparencia
semejante a la pesadilla de un niño
que se envuelve en la pesadilla de un canario.
Saltaba de barrote en hierbabuena y después regalaba

un número que guiaba de nuevo
como un diamante picoteado por un canario.
Los animales enseñaban su lengua filológica y vacía
como otro animalito que trepa por un estante floreado.

El ojo minucioso voltejeaba al osezno,
prefiriendo ese juego a la pelota del circo.
Las guedejas del guijarro, el cimbalón,
aumentaban las constelaciones adheridas al ojo.

Poner el dedo

La cabeza que nos aprieta
incesantemente el cuello
hasta verla jugando
sobre una escoba dominical.
La cabeza impide la limpidez
de la casa, vuelan y zumban las alfombras,
después cae escalón tras escalón.

El teléfono aúlla al lado de un plato
sucio de frituras,
el timbre rompe la cerámica,
cada pedazo una oreja frente
al teléfono y el vejete
con su bata de verano va apuntando
en la tendedera de una pizarra.
Oye las pisadas nocturnas del caballo
en su aterciopelado teléfono de extensión.
El caballerizo real anota el minué
en la libreta de teléfonos.

De nuevo el dedo sobre la lámina.
Delicadamente la mesa
se hiende en dos planisferios.
El que se va hundiendo
hasta el centro de la tierra.
El otro es un hueco
por donde pasa una carreta
llevando un feto, con las guirnaldas de Baco.

El anillo en la punta del pañuelo
asegura las bodas imposibles.
El dragón babeando con una mantilla
y la cierva que espera el sueño
con cintajos de colores
y su baba placentaria.
Los reyes comienzan a galopar,
había mucha nieve
y las persianas hundían sus pestañas.

Dormido trabajaba en la escaramuza
donde el viento se hinchaba
como un almohadón, como una cuchara
gigante que exploraba un vientre.
De allí sacaba un agua tornasolada
que yo llenaba a salivazos.
Era aquel humor espeso
un caldo para el regreso
que esputaba estrellas de ébano
que yo recogía para el sábado.

Una serpiente con cabeza de pez
al teléfono.
Puse el dedo en la lámina
y lentas explosiones
convidaban a dibujar al cabrito negro.
Comenzaban los sacrificios.

Brillará

Brillará el disco
y no se sabrá su color final,
lentamente los colores se van cansando
y dejarán escapar como una manecilla
que pide ayuda.

La yerba se enredará sobre sí misma,
no recorrerá el río más cercano,
se reirá al penetrar por una boca
descomunal y penetrará en el horno
alegrándolo todo con sorpresa
verde, perico escandaloso que descubre
la mañana.

Las hojas comienzan su revolina,
pero el aire está inmóvil,
sin salir de sus grutas.
Una página agrandando el ojo
de su recuerdo, con un gran papel
nos cubrimos y recordamos
sus orejeras de papel en el polvo.

El zapato que crece hasta la silla,
la silla luchando con el temblor de tierra
y que nos impulsa
de un planeta a un planetoide,
de una mosca a una corbata,
del tiempo al caos que lo borra.
El zapato ya está sobre la silla
y nos ponemos a temblar.

La mujer y la casa

Hervías la leche
y seguías las aromosas costumbres del café.
Recorrías la casa
con una medida sin desperdicios.
Cada minucia un sacramento,
como una ofrenda al peso de la noche.
Todas tus horas están justificadas
al pasar del comedor a la sala,
donde están los retratos
que gustan de tus comentarios.
Fijas la ley de todos los días
y el ave dominical se entreabre
con los colores del fuego
y las espumas del puchero.
Cuando se rompe un vaso,
es tu risa la que tintinea.
El centro de la casa
vuela como el punto en la línea.
En tus pesadillas
llueve interminablemente
sobre la colección de matas
enanas y el flamboyán subterráneo.
Si te atolondraras,
el firmamento roto
en lanzas de mármol,
se echaría sobre nosotros.

El pabellón del vacío

Voy con el tornillo
preguntando en la pared,
un sonido sin color,
un color tapado con un manto.
Pero vacilo y momentáneamente
ciego, apenas puedo sentirme.
De pronto, recuerdo,
con las uñas voy abriendo
el *tokonoma* en la pared.
Necesito un pequeño vacío,
allí me voy reduciendo
para reaparecer de nuevo,
palparme y poner la frente en su lugar.
Un pequeño vacío en la pared.

Estoy en un café
multiplicador del hastío,
el insistente *daiquirí*
vuelve como una cara inservible
para morir, para la primavera.
Recorro con las manos
la solapa que me parece fría.
No espero a nadie
e insisto en que alguien tiene que llegar.
De pronto, con la uña
trazo un pequeño hueco en la mesa.
Ya tengo el *tokonoma*, el vacío,
la compañía insuperable,
la conversación en una esquina de Alejandría.

Estoy con él en una ronda
de patinadores por el Prado.
Era un niño que respiraba
todo el rocío tenaz del cielo,
ya con el vacío, como un gato
que nos rodea todo el cuerpo,
con un silencio lleno de luces.

Tener cerca de lo que nos rodea
y cerca de nuestro cuerpo,
la idea fija de que nuestra alma
y su envoltura caben
en un pequeño vacío en la pared
o en un papel de seda raspado con la uña.
Me voy reduciendo,
soy un punto que desaparece y vuelve
y quepo entero en el *tokonoma*.
Me hago invisible
y en el reverso recobro mi cuerpo
nadando en una playa,
rodeado de bachilleres con estandartes de nieve,
de matemáticos y de jugadores de pelota
describiendo un helado de mamey.
El vacío es más pequeño que un naipe
y puede ser grande como el cielo,
pero lo podemos hacer con nuestra uña
en el borde de una taza de café
o en el cielo que cae por nuestro hombro.

El principio se une con el *tokonoma*,
en el vacío se puede esconder un canguro
sin perder su saltante júbilo.

La aparición de una cueva
es misteriosa y va desenrollando su terrible.
Esconderse allí es temblar,
los cuernos de los cazadores resuenan
en el bosque congelado.
Pero el vacío es calmoso,
lo podemos atraer con un hilo
e inaugurarlo en la insignificancia.
Araño en la pared con la uña,
la cal va cayendo
como si fuese un pedazo de la concha
de la tortuga celeste.
¿La aridez en el vacío
es el primer y último camino?
Me duermo, en el *tokonoma*
evaporo el otro que sigue caminando.

www.ingramcontent.com/pod-product-compliance
Lightning Source LLC
La Vergne TN
LVHW091316150826
845673LV00006B/1665

* 9 7 8 8 4 1 1 2 6 7 6 5 6 *